U1074074

甲方 40 66336
1 2 3 4 5
乙方

让你大吃一惊的科学

为什么斑马有条纹

68个古怪问题的另类解答

【法】让-巴普蒂斯特·吉罗(Jean-Baptiste Giraud)◎著
陈丽娟　白冰　刘天爽◎译

上海科技教育出版社

图书在版编目(CIP)数据

为什么斑马有条纹:68个古怪问题的另类解答/(法)吉罗(Giraud, J. B.)著;陈丽娟,白冰,刘天爽译.—上海:上海科技教育出版社,2014.1(2022.6重印)
(让你大吃一惊的科学)
ISBN 978-7-5428-5779-8

Ⅰ.①为… Ⅱ.①吉… ②陈… ③白… ④刘… Ⅲ.①科学知识—普及读物 Ⅳ.①Z228

中国版本图书馆CIP数据核字(2013)第251220号

本书作者的其他作品

《投入多少，收获几成》(*Combien ça coûte, combien ça rapporte*)，2006

《天才也犯错》(*Les grands esprits ont toujours tort*)，2007

《为什么鹿有角》(*Pourquoi les bois ont-ils des cerfs*)，2009

目录

致谢

首先应该感谢孩子们给我灵感，他们提出的问题看似简单，但却发人深思。他们是：安布鲁瓦兹、路易-梅尔基奥尔、斯坦尼斯拉斯和玛丽-阿力克丝，还有襁褓中的小家伙弗朗索瓦-于格，虽然他现在只会发出“哒哒”的声音。限于篇幅，本书未能回答孩子们提出的全部问题，剩余的内容将出现在本书的姊妹篇中，但由于需要查阅大量资料，因此姊妹篇的问世尚需时日。

感谢所有的好友给我建议和启发，尤其是要感谢奥赞和兰博给我提供了大量相关资料。还要感谢普鲁道姆和沙雷特的帮助和支持，使我得以顺利完成本书的写作。

感谢图案设计师儒阿基姆为本书设计封面图案。第一眼看到本书封面草图的时候，我便欣喜不已。

还要感谢出版商德雷的再次合作与支持，并为本书的出版承担了市场风险。感谢主编普雷瓦尔的督促，使我得以及时完成本书的写作。

最后最应该感谢的是我的父亲和妻子。父亲多年心血的付出，培养了我写作的兴趣和爱好，以及文笔的精炼，用词的准确。我还要将本书献给我的妻子，感谢她在我熬夜伏案写作的日子里，给予我理解，替我分担照料孩子的责任；感谢她作为本书第一位读者，给予我鼓励；感谢她在我焦头烂额的时候，给予我支持。

附言:为什么七个月大的弗朗索瓦-于格已经会发出“哒哒”的声音,而且可能很快就会叫“爸爸”、“妈妈”？不是因为他喜欢爸爸胜过妈妈,很简单,是因为在所有的语言中,“爸爸”、“妈妈”的音节最简单,最原始,而“爸爸”的发音比“妈妈”更简单。但是无论婴儿先叫“爸爸”还是“妈妈”,都是无意识的。以后我们再讨论这个话题。

前言

有了人类便有了探索发现。然而，婴儿呱呱坠地之时，年轻的爸爸妈妈们尚未准备好如何面对小家伙制造的各种混乱……尤其是当他有一天开始张口问“为什么……”时。

他会问：“人为什么会死？”接着又会问：“爷爷什么时候会死？那爸爸呢？”这些问题会让我们忍俊不禁，却又永生难忘。就在我写这篇前言时，儿子在一旁问他的妈妈：“为什么没有太阳我就不能长大？”4岁小家伙的这个问题的确很有意思，尤其是因为我们家恰好就住在太阳王的城市[①]。

是啊，为什么斑马有条纹，而马却没有？为什么我们穿着滑雪板能够在新雪上滑行自如，而在冰面或者融雪的地面上却做不到呢？究竟是什么原因？或许我们从未想过这个问题。

我们每天都会遇到很多为什么，开车时，闲聊中，或晚餐时……且通常是在无法上网寻找答案的时候。即使我们可以到网络上去寻找答案，而网络提供的答案林林总总，莫衷一是，如果不加以筛选，我们很难找到一个较为合理的答案。

本书中提出的问题和给出的解答虽然不是日常生活中必不可少的知识，但是或许会为人们出行、社交或者堵车时的片刻沉思带来些许启发。

---

① 太阳王，指法国国王路易十四。太阳王的城市指凡尔赛。——译者

说到堵车，为什么堵车的时候，如果我们在右侧车道上，就会觉得左侧的车辆通行得快？相反，如果我们在左侧车道上，就会觉得右侧车辆通行得快？[①]

① 这是你的心理作用！——原注

第一部分

荒野探险

蜘蛛怎样织网

你的众多朋友中有人是医生,有人是律师,有人是咨询师、商人、公司老板、公务员,或者可能还会是失业者(他们可能会说:“我不是失业,只是想换个工作,需要时间做个能力评估!”),甚至还会是社会寄生虫……但却不大可能,甚至毫无可能会是一级方程式赛车手或者航天员。而我却有幸结识两位航天员:克洛迪和艾涅尔。我和克洛迪经常书信来往。最近的新书出版后,我亲笔签名了一本邮寄给克洛迪,她的回信令我心情很愉快。能和这样一位活力四射的成功女性交朋友,可谓是一件幸事。

不过言归正传,我要谈论的可不是这个。你的朋友中没有一级方程式赛车手、航天员,同样,大概也不会有蜘蛛学家。

想象这样一个场景,你去参加一个晚宴,大家做自我介绍的时候,有人问另一人:“你是从事什么职业的?”对方答道:“我是蜘蛛学家。”大厅里顿时一片沉寂。这个职业确实令人好奇,说不定蜘蛛学家的客厅里就结满了蜘蛛网,门口的地垫上也趴着蜘蛛。蜘蛛的种类迄今为止应不少于40 000种,一名蜘蛛学家要认识和研究如此多种类的蜘蛛,真是不可思议!他不会在晚上和周末还要把蜘蛛带回家继续研究吧?

然而,如果你的朋友中没有蜘蛛学家,那是太遗憾了,因为如果有的话,你们就可以在饭桌上“热议”这样的问题:蜘蛛是一道充饥的美味佳肴吗,就像在印第安纳州那样?有食人蛛吗,被毒蜘蛛叮咬后多久会死亡?如果一只蜘蛛钻进了人的鼻孔或者耳朵里,它会爬到哪儿去?……总之,你一定会大有收获!

虽然你身边没有专家,但如果你扮演蜘蛛学家的角色的话,那你的宾客一定会问你这样的问题:蜘蛛是怎样织网的?这样小的虫子是怎样织出一张结构复杂而又完美的丝网的呢？

首先要了解的是，在已知的 40 000 种蜘蛛中，只有十几种会织网。其他有的是通过挖洞设陷阱之类的方法捕猎；有的则会蜇咬并用毒液麻痹比自己大上十倍的动物，然后将猎物吃掉。蜢蜘便属于后者这种类型。

就在这八脚的柔弱小虫的腹部有一家“丝线制造工厂”，也就是“后勤部”。“工厂”生产的丝线不是 1 种，而是 6 种。每一种丝线用途各不相同。织网时蜘蛛需要来回走动，那么“工厂”就会输送出一缕不带黏液的丝线供其行走。杂技演员在空中表演需要一条保险绳，蜘蛛也一样，“工厂”会输送一条非常结实的丝线，以起到保护作用。蜘蛛网本身当然是由带黏液的丝线编织成的，因为要用来捕猎，其他的丝线则用于囚禁猎物。还有一条丝线是为蜘蛛守候猎物时做藏身所用的。

织网时，我们的蜘蛛女士先要织出一个 Y 形架构，她首先把吐出的丝固定在一点上，然后自己吊在丝上，一边吐丝一边爬向对面，用脚把丝固定在另一点。蜘蛛围绕着轴心来回往返，重复同样的动作，不断用新丝线来加固这张网。你大扫除的时候，一挥手，瞬间功夫就把天花板一角的蜘蛛网给毁掉了，而这样一张网通常蜘蛛要花费半天到一天的时间才能织好。

更令人惊讶的是，我们能清楚地看到蜘蛛网的每一根丝线！没错，尤其是当蜘蛛网上粘有一些灰尘或是蒙上一层露水的时候，看得就更清楚了。而从蜘蛛腹部冒出的细线只有 1 微米粗，也就是 1 毫米的千分之一。想想这么小的虫子一生竟然要织几百米长的丝网，我们真应该庆幸自己不是蜘蛛侠！

为什么会有分水岭

你想喝矿泉水，还是汽水？这个问题很重要。生产汽水的成本比矿泉水要高，然而在饭店里，汽水和矿泉水基本上是同样的价格，为什么会这样呢？消费者可能并没有意识到这一点，也不清楚这两种饮料成本的差别。为什么制作汽水的成本更高呢？汽水是水经过先脱气再充入特制的气体而制成的。这些操作过程会产生一定的费用。而维希和依云两大品牌矿泉水的成本则来自于商业竞争，它们不惜一切代价吸引消费者。

此外，这两大商家还需要争夺另一个地盘，也就是地理位置。实际上，这两大品牌矿泉水的水源均是处于分水岭的同一侧。分水岭？还记得通往南方的 A6 号高速公路吗？它离第戎不远，通向普伊昂诺克苏瓦方向。小时候我就留意到标识牌上的文字标识，如今标识牌已是斑驳老旧，我也不再年少。你会纳闷，哪个标识牌啊？没错，就是那个标志着分水岭的牌子！或许你开车太快没留意到有这样一块牌子。

正是在这片水源宝地上，数条小溪汩汩而流，汇成江河，最终流入大海。例如，塞纳河水的源头在圣日耳曼苏尔斯－塞纳。两大商家争夺的分水岭，北边是芒什海峡和大西洋，南面是地中海。普伊附近的高速公路沿线的村庄，是久负盛名的葡萄酒产地，就位于分水岭上。作家万思诺说它是“西方世界屋脊”。实际上，在渼利小镇，水流分为三个流向，而不仅仅是流向大西洋和地中海。有人会认为划定分水岭毫无意义，甚至是荒谬的。这样想可就大错特错了。世界上大约有 250 个分水岭，都有着十分重要的地缘政治意义。这些分水岭起着边境线的作用，分水岭地居民的行为有可能导致水流方向改变、水道堵塞甚至污染水源地，而这都会造成相邻地区居民的饮用水问题。归根结底,水不仅仅是生命之源,它还是权力之源,21世纪将会比以往任何时候更能证明这一点。

为什么斑马有条纹

这个问题的答案不止一个，而是好几个！你会不会很吃惊呢？补充说明很重要的一点，有些科学未解之谜至今尚未找到最终答案，很多工作还有待于后人来做，而人类史上时常会有人断言科学已经破解了一切秘密。这是多么的荒谬！

如果在晚宴上有人跟你谈论斑马，你可以解释说斑马是奇蹄类动物，并且属于马科家族，大家肯定觉得你很了不起。不过，在回答为什么斑马有条纹的时候，你可千万不要说是它们躲在小树丛中被太阳晒的结果，否则你可能再也不会收到晚宴邀请了，不过也许会有人邀请你参加傻瓜晚宴①。

首先，有人认为斑马的条纹有点像我们人类的指纹，可以使它们相互辨认。但是，在动物王国中，很多群居动物并不凭借条纹来互相识别。另外一种假设是，条纹是用来繁衍后代的。然而很显然，并没有任何数据能证明条纹更宽的斑马繁殖能力更强。此外，研究也并未发现某些雌斑马会因为条纹更宽便比其他同类更性感。

更有趣的说法是，条纹可以用来伪装。可是想象一下空旷的大草原和沙漠，条纹的伪装作用似乎并无用武之地！然而有一点很明确，气温高的时候，远处景物会变得模糊，这一现象众所周知（就像透过蜡烛火焰或者散热器上方的热气看东西会有些模糊）。在这种情况下，远处的斑马变得模

---

① 法国电影《傻瓜晚宴》中阿包和一班自命不凡的朋友约定每星期三晚举行“白痴晚宴”！规则很简单：各人只须携一名“白痴之最”共赴晚餐，便能获得丰富奖品。——译者

糊,非常难以辨认,只能看见黑压压一大群。只是,无论是远看还是近观,很抱歉,条纹并未能使斑马免受伤害。斑马的劲敌狮子,通常是靠近斑马群后才发起攻击的。当狮子追捕斑马的时候,斑马的条纹就会干扰狮子吗?不是这样的。统计数字显示,斑马丧命在狮爪下的概率同其他动物是一样的。

另外一种解释是,黑白相间的条纹是为了方便动物散热,我认为这样的推理并不合乎逻辑。

启动一下你的想象力,你肯定会觉得很有趣。想象在一个美丽的夜晚,一轮明月下,热带草原上憨厚的奇蹄类动物正在酣睡。月光下条纹十分醒目,格外引人注意!斑马这么拉风,肯定会让夜店里穿条纹裙的女孩子羡慕不已。不过从某种意义上来讲,这也是一种引诱,尤其是在邪恶的盯梢者眼里,所以凶残的狮子偏好在夜间猎食斑马。

也许答案正是从黑夜中得来的。夜里,动物们大多都在睡觉,斑马的条纹会引起狮子的注意,招来杀身之祸,但同时却使另外一位可怕的捕食者——虻蝇望而却步!这种可怕的昆虫每年导致几百万非洲人感染病菌。它们还会叮咬动物,引发睡眠疾病,动物因此变得虚弱,有的甚至会因此而丧命。可恶的虻蝇只能够通过形状辨别动物,而斑马的黑白条纹会干扰虻蝇对光的感受。所以,我们的朋友——斑马,多亏了一身的条纹,很少会被叮咬,自然也就比其他动物更健壮。

冬眠和睡觉有什么区别

现在我们来讲讲动物的冬眠。动物冬眠时躲在洞里酣睡，犹如与世隔绝。有人认为它们会冬眠6个月，有些人甚至说有的动物会冬眠12个月。嘘！我们轻点声，别吵醒了它们！

我们看到办公桌后伏案而睡的同事时，就会调侃说他在冬眠。人每天都睡觉，但却不会冬眠。当然啦，有的人睡眠时间可能会很多，而且还打着呼噜（据记载，有人曾经在没有服用药品的情况下，连续睡了整整三天三夜）。但这同冬眠不一样。为什么呢？因为冬眠时动物体温下降，一般维持在接近0℃。有些动物（比如睡鼠）冬眠的时候，体温会降到-0.5℃却不会被冻死，因为它们的皮下脂肪可以保持体温，而且它们的血液内有一种防冻物质。一些蝙蝠体内的防冻物质更加有效，它们在体温降到-4℃时仍能存活。为什么动物冬眠时体温会下降呢？当然是为了节省能量啦！严冬来临的时候，小松鼠就躲进洞里，心率会从每分钟450次降低到每分钟不到4次。据科学家计算，动物冬眠时消耗的能量不到平常状态时的1%。小松鼠缩在洞穴深处，蜷成一团，北风根本就吹不到它。它们在洞穴里给自己准备好了过冬的草毯子，比平时更加厚实。然而，与我们所想象的不同，这些动物不会睡上整整一个冬天。松鼠每隔15天就会醒一次，当然是为了吃东西，而且还要排泄粪便。不过熊一般不会醒来，除非受到了打扰。尽管这些动物冬眠时候的脑电波是平的，但它们的一些感官，比如听觉系统还是有知觉的。所以，一旦有动静，熊马上就会惊醒，闯进洞来的不速之客可就有麻烦了。

还有一类小动物也会冬眠：昆虫，冷血动物——最常见的像蛇或者两栖动物。然而，它们的冬眠与哺乳动物的冬眠不一样。温度对于它们来说不成问题,因为即使是在 -5℃甚至 -20℃的环境下它们也能存活。只是,蛇和青蛙不会在冬季结束后马上苏醒过来,因为冷血动物的体温随外界气温的变化而变化,直到春暖花开,它们才能够苏醒。

为什么宝石有各种颜色

宝石闪闪,光芒四射迷人眼。古波斯人认为地球镶嵌在一块巨大的蓝宝石上,而蔚蓝的天空则是蓝宝石反射的光芒;同理,海水碧绿是因为海底有块巨大的绿宝石。

关于绿宝石、红宝石、蓝宝石和钻石这 4 种宝石颜色的问题,你可能从来没仔细想过,其实非常简单,宝石的颜色取决于它的成分。

克什米尔、缅甸出产蓝宝石最多,蓝宝石中含有铁钛氧化物。佩戴蓝宝石会给人一种宁静矜持的气质。

红宝石和钻石一样是稀有宝石。红宝石烈焰般的光辉来自于铬元素。绿宝石的幽光则来自铬与钒的结合。绿宝石往往被看做是保卫婚姻的宝石。

其实,颜色的问题有点复杂。宝石的颜色并非与生俱来,只不过在阳光的照耀下,某些色光更容易透过宝石。红宝石更易透过红光,肉眼看上去,它就比周围的物体红。所以宝石所呈现的颜色是由特定波长电磁波造成的,不同波长的光对应不同的颜色。我们自然又会想到钻石。钻石之所以晶莹剔透,没有瑕疵,是因为里面没有任何金属杂质,光穿过钻石时不会遇到任何障碍物。相反如果一颗石头吸光能力很强,把大部分光吸走,那么这颗石头的亮度就会大打折扣,呈现出黑色或深色。

订婚仪式或庆贺孩子新生等很多喜庆时刻,我们往往想选购一块漂亮的宝石送人,希望对方能够喜欢。不论是选择何种颜色的宝石,购买的时候一定要仔细挑选,透光度是一个重要的考虑因素。红宝石在白天的自然光下很漂亮,在灯光下璀璨夺目,但是在荧光下却黯淡无光。光线的强弱会决定红宝石颜色的明亮度,导致你手指上的红宝石呈现不同的色彩,鲜红色、“鸽子血”、“公牛血”或者是浅玫瑰红色。而专业人士鉴定宝石纯度时所采用的光线与北半球中纬度地区晴天时正午的自然光颇为接近。

另外,或许某一天你会发现,你送给妻子的钻石戒指上的钻石颜色竟然发生了变化。你可能会认为这是由于妻子常常用手洗碗碟的关系,其实不然。钻石并没有因为经常与水接触而变绿,而是在不同的时候变换出不同的色彩。尤其是在它靠近热源的时候,变化更为明显,通常是色泽变得暗淡。而且,像玫瑰水晶、紫锂辉石这样的普通宝石,更容易变色。如果长期暴露在阳光下,宝石的颜色会快速变淡,最终完全失去光泽。

还有一点千万要牢记:到海滩度假时,请不要戴宝石戒指!无论是基伯龙的海滩,还是阿卡维、雷岛或圣特罗佩的沙滩,海滩上的细沙会划伤你的宝石,令其失去光泽。当然你也可以试一试,验证一下是否果真如此,不过我建议你还是不要冒这个风险,除非你觉得手上的钻石戒指太旧了,有心想要再买一枚新戒指。

了解了宝石色彩产生的原理,就不难理解为什么蓝宝石(含有铁和钛的氧化物)并不完全是蓝色的了。事实上,蓝宝石的颜色多种多样,有黄色的,有橘色的,还有无色的,这都取决于蓝宝石中金属成分的含量。蓝色的蓝宝石,只要颜色不是太暗,会比其他颜色的更昂贵一些。也有颜色偏红的蓝宝石,它们也会被人称为红宝石。其实,这两种宝石属于同一家族,只不过偏蓝色的被叫做蓝宝石,而偏红色的则会被叫做红宝石。不过,这些宝石名称背后的秘密并不意味着你手里的一颗宝石会变成两颗。

要注意的是,蓝宝石(它和绿宝石一样,在宝石中较为便宜)比其他宝石分布得更广。尽管如此,“霍克费勒蓝宝石”在 1988 年索特比的拍卖会上卖到了 280 万美元,可以说是世界上最昂贵的蓝宝石了!该宝石重达 62.02 克拉,每克拉价值 45 600 美元。可见蓝宝石绝非平庸之辈。

耐人寻味的是,钻石总给人留下无色、透明的印象,而实际上,钻石也会有粉色、黄色、棕色、绿色、蓝色等各种颜色。从商业角度来看,钻石可分为无色、接近无色以及有色等多个等级,不同的成色影响着钻石的受欢迎度。细微的色差会带来巨大的价格差哦!

差点忘了另外重要的一点:为什么钻石是用克拉,而不是用克作为计量单位?要弄清楚这点,就要跨越地中海,上溯到几个世纪以前。"克拉"(carat)来源于阿拉伯语的 quirat 一词,它指的是角豆树的种子。这类种子很坚硬,在任何情况下它的重量都不会改变,因此它的名字就被用来命名精确的计量单位,也就是"克拉"。也许上帝在整个造物计划中,也想到了角豆树种子适合这一角色。一直到 1912 年,1 克拉都按照一粒角豆树种子的重量来计算,重 0.2055 克。后来,1 克拉简化为 0.2 克。也就是说 5 克拉钻石的重量就是 1 克。

为什么镶嵌了钻石的金戒指上面会有 24K 或 18K 的标识?纯金是 24K 金,而 18K 金指的是 75% 的黄金混合 25% 的其他金属(如银、钯、锌等)。标识中"K"的渊源与麦加城有关。麦加曾是国际黄金珠宝现货交易圣地,可以 24 小时不间断交易,每小时黄金或珠宝的市价都不同,但都以克拉为计量单位。看来克拉转了一大圈,又返回了原点。

14

为什么有时候太阳和月亮会变大

很显然,太阳和月亮不会忽大忽小。太阳或者月亮靠近地平线的时候会显得比在高空中的时候要大一些,但这仅仅是一种视觉效果,一种错觉。你若不信,我们可以用游标卡尺来测量一下,它绝不会撒谎。游标卡尺测出的正午太阳和落日的直径长度是一样的。月亮也是如此。可是为什么我们会觉得太阳或月亮靠近地平线时尤其巨大呢?几千年来科学家们一直对此事争论不休。古希腊人就讨论过这一现象,而古埃及和其他文明古国的科学家也研究过这一问题。对这一现象的解释众说纷纭,从大气引起的衍射,到光线的折射弯曲,莫衷一是。

但是,大气和天体本身都不是真正的原因,根源是我们的大脑。当你同远处的朋友打招呼时,大脑已经在估算你与对方之间的距离。它会寻找基准点和参照物,比如一辆车、一盏路灯或一座房子都可以作为参照物,通过把朋友的身高长短同他周围的物体进行比较,便可推算出你们之间的距离。可是我们观察高空中的月亮或者太阳时,找不到参照物。在没有参照物的情况下,我们对它们的大小就没有具体的概念。假如天空中有其他天体同月亮一起绕着地球转动,或者有第二个太阳的话,我们便可以把它们的直径进行比较,并记录下来。但这只是一个假设,既然没有其他天体可以参照,我们就无法比较空中的太阳或月亮的大小。

1913 年,意大利心理学家蓬佐研究发现了一种错觉,将其命名为蓬佐错觉。假设面前有一幅伸向远方的铁轨图,我们在近处画一根黄横线,远处也画一根同样长度的黄横线。远处的黄横线会显得比近处的那一根更长,因为远处两条铁轨之间的距离比近处的显得更长。我们看月亮时产生的错觉,也是同样的道理,当月亮接近地平线时,因为有树木和房子做参照物,我们就会觉得月亮更大。但是如果我们用手把这些参照物都挡上的话,就不会有这样的错觉了。

然而,飞在空中的飞行员自认为看到了硕大无比的月亮,那是因为他们把下面无边无际的地平线当作了参照物,在空中产生的错觉。看来圣·埃克苏佩里①的同行也上当受骗了。我们觉得地平线很远,所以会感觉在我们头顶上空飞翔的鸟儿比远处地平线上空飞翔的鸟儿离我们更近。当月亮靠近地平线的时候,我们的大脑就会像观察鸟儿时一样,错误地估计了月亮的实际距离和大小。

读到这儿,你头脑中或许会浮现出海边或西山落日的景象,或者是凯旋门廊柱间的落日或明月。你也许还会想到藏在钟楼后面的半轮月亮,或者是水中的弯月。所有这些记忆画面中的太阳和月亮之所以显得无比巨大,是因为它们是我们大脑影像的聚焦点。我们想起来的既不是海边也不是凯旋门,而是以它们为背景的太阳或者月亮。由于当时的那一刻我们被美景吸引,无意识中把太阳或月亮的形象放大了,所以会感觉它们比其他景物更庞大。对此,还有一个更有意思的解释。月亮同地球之间的距离有时候的确会变小。事实上,月亮虽然是绕着地球转(地球—月亮平均距离为384 400千米),但是它的运行轨道是椭圆形的,而不是一个完美的圆形。月亮同地球之间的最近距离是356 410千米,此时月亮位于“近地点”(月亮在公转轨道上离地球最近的一点)。同理,月亮同地球距离最远时就位于“远地点”,此时地月距离为406 740千米。当满月位于近地点的时候,它的直径看起来要比在远地点的时候大14%。但只有非常犀利的眼睛才能够分辨出如此细微的差别。无论月亮处于空中哪个位置,它在照片中所成的像都一样大。看月亮的时候,它在我们虹膜上所成的像只有0.15微米大小。不管月亮在空中的高度如何变化,它都不会像我们以为的那样变大。

---

① 圣·埃克苏佩里(1900—1944),法国飞行家,作家。著名童话《小王子》的作者。——译者

上述解释都有着十分准确的科学根据，不过你可能还会心存疑惑，毕竟，当我们和至爱亲朋一起欣赏天边满月或落日时，胸中升起的那份情愫又岂是可以用科学的理性来解释的呢？

为什么星星亮闪闪

通常,当小孩长到5岁左右的时候,他们必定会问一个经典问题:“星星为什么亮闪闪?”很多大人沉默良久后会回答:“哦……是因为星星反射了太阳光,所以它们才会发光。”有的大人则干脆说:“没有为什么,星星就应该发亮才对啊。”可事实却并非如此。银河系总共约有1千亿颗星星,而我们在地球上用肉眼只能看到其中的约6000颗。北河三(双子座)、十字架三(南十字座)、角宿一(室女座)、尾宿二(天蝎座)等星辰之所以极其明亮是有原因的。实际上,星星以它们独有的方式发射自身的光芒,有些星星的直径可达太阳的100倍!太阳直径约为150万千米,是地球直径的108倍![①] 试想一下,太阳光从太阳中心照射到太阳表面的传播距离,居然是地球到月球的距离的两倍!

尽管星星自身硕大无比,可是它们距离地球上的我们是那么遥远,即使借助望远镜,我们也只能看到小小的闪亮点。那么,星星为什么会亮闪闪呢?星星表面覆盖着大量的气体,更确切地说,是大量压缩的氢气。氢原子发生聚变,变成了氦,并且发出光和热。这个过程就叫做核聚变。核工程师通常必须接受5—7年艰苦的专业培训才能掌握这项核反应技术。

但是,如果用仪器仔细观察分析,你会发现星星的颜色各不相同。天空实际上就像是彩虹一般。星星颜色各异,比如御夫座中的五车二星是黄色的,南河三是白色的,猎户座是蓝色的,牧夫座中的大角星是红色的。这些星星在天空中组成了壮丽的美景。就连哲学家康德也为之倾倒。他曾这样写道:“天地间有两样东西最美丽:一是我们头顶星光璀璨的夜空,另

---

① 更精确地说,太阳直径为139万千米,是地球直径的109倍。——译者

一个是我们心中伟大的使命。”

我们通常认为星星只有在夜里才会发光,实则不然,和太阳一样,恒星在白天也会发光!只是地球上的我们看不到而已。地球表面的大气层散射了灿烂的阳光,从而遮盖了恒星的光辉。航天员可以为此作证,他们乘着航天器以7千米/秒的速度冲向太空,短短的几秒之后,他们便能透过舷窗看见满天的星斗了,即使在白天,有太阳的情况下也是如此。太阳本身其实就是一颗恒星,只不过是距离地球最近的一颗恒星而已。距离地球第二近的恒星是半人马座的比邻星,它与地球之间的距离是日地距离的25万倍,即使人们以光速飞驰过去也需4年才能到达。而光速是按目前的技术远远无法达到的速度。正因如此,我们才会觉得空中的太阳比其他星星大得多。而且也正因为太阳光中包含巨大的能量,才使得地球上生命的存在成为可能。

我曾说过,在晴朗的夜空,我们可以看到大约6000颗星星,但实际上,在城市甚至乡下都不可能看到这么多星星。你必须远离所有的光污染,在没有人烟、没有路灯的山顶上才能看到。一些星星组成了一个个星座。还记得小时候,爸爸指着夜空中的星星,告诉我那个“W”形的是仙后座,那个“平底锅”形的是大熊座。从地球上看,星座毗邻而立,但这只是一种假象,一种错觉,事实上它们之间相距几十甚至几百光年的距离。另外,你知道吗,大部分星座只有在特定的季节才会显现。猎户座只有在冬天的时候才会出现,天琴座在夏天出现,狮子座在春天出现,而仙女座则在秋天出现。

另外一个误解是,有些人认为星星是被照亮的,其实不然。有些星体早在几百万年前就已经死亡了。但是由于星体内蕴藏着巨大的能量,尽管核反应终止了,它还是能够发光。另外,星体越大,它消耗氢的速度就越快,熄灭的速度也越快(不过,最快也要几百万年的时间)。燃料消耗殆尽的时候,星体便不复存在了。核聚变停止后,星体便黯然消逝,但是在消失之前会出现一场大爆发,伴随着强烈的光亮。这就是我们所说的超新星爆发。如果你有幸在有生之年看到超新星爆发(要知道,一个世纪只可能出现1—3次超新星爆发)，可不要认为那是一颗崭新的星体诞生了。事实上，超新星爆发可不是像名字所表现那样有新星出现，而是指有一个大恒星“暴死”了。天空就像一位超级魔术师，有些星体距离我们有几十甚至几百光年那么远，所以，如果有一颗恒星明天就死亡，那么地球上的人要到10年、100年甚至1000年以后才能知晓。

那么流星又是怎么回事呢？事实上，它与恒星完全不同。它既不是行星也不是气体星球，它是彗星的碎片落入了100多千米高的地球大气层中。这些碎片与大气中的氧气接触后燃烧变红，通常在落地之前就已经燃烧殆尽。有时候，彗星碎片很大，在落地之前并没有完全燃烧掉，落地之后就成了陨石。近年来总有一些房屋以及停放在户外的汽车被陨石砸坏。陨石越大，产生的破坏力就越大。1908年，一颗前所未有的庞大彗星碎片在西伯利亚的通古斯卡坠落，破坏了几千公顷的森林，损失巨大。如果它落在其他地方，比如落在欧洲的某个居民区，后果将不堪设想！在此次事故中，约有6000万棵树木被爆炸产生的强烈气流连根拔起。据专家分析，此类惨剧每个世纪会发生一次。大家赶快躲吧！

20

为什么蜜蜂会采蜜

有人发财后会把钱藏在床垫下,以为那是最安全的地方。你可能会觉得这样的做法不可思议,其实不然,蜜蜂便是这么做的,因为整个冬天它们都将闭门不出,所以要尽可能多地囤积食物。这些可爱的小昆虫是为了自身以及整个蜂群的存活而整日辛勤采蜜。它们绝想不到自己辛苦采下的蜂蜜竟然会成为儿童们的早餐,会被感冒的人喝来润嗓。

蜜蜂们采蜜时埋头苦干,井然有序。还记得科教片中蜜蜂工作的画面吗?蜂后领导蜂群,并监督流水线作业的工蜂。工蜂辛苦一生义务劳动,只是为了能够填饱肚子,有时还要为保护蜂群和蜂后而牺牲。可见"工蜂"绝非徒有其名。

一个蜂群平均有5万只蜜蜂。并非所有的蜜蜂都要出去采蜜,但是蜂群的所有成员都要为这个共同的目标而努力。工蜂在不同成长阶段从事不同的工作。它们幼年时喂养幼虫,长大以后开始筑造蜂巢,以便储藏花蜜。然后它们要把花蜜酿造成蜂蜜,加工花粉,给蜂巢通风并清理垃圾。接下来就要看守蜂巢,以防外敌侵入(外敌可能是别的昆虫,也有可能是一只戴着手套的人手)。工蜂的寿命只有短短几个月,它们出生21天后就长大为成年工蜂,可以开始外出采蜜了。为了节省时间,它们飞得很快,最高速度可达20千米/时。这看似不起眼的事情,但却是蜜蜂所有工作中最艰难、最辛苦的一个环节。蜜蜂要采集大约100朵花的花蜜,才能把蜜囊装满。返回蜂巢时,蜜蜂要通过太阳判断方向,才能把花粉顺利运回。如果有一天它们迷失了方向,就算眼睛瞪得再大,也找不到返回的路,那就必死无疑。老年工蜂负责清理、修缮巢室,守护蜂房。

成年工蜂回到蜂巢,把采集到的花蜜传递给另外一只工蜂。接到花蜜的工蜂会把花蜜再传给身旁的工蜂，就这样依次传递，直到最后一只工蜂将花蜜存放到巢房里。这个传递工作需要大量工蜂参与。花蜜传进巢房时含有 80% 的水分，工蜂们利用自己的螯针让水分蒸发，花蜜便变得愈来愈浓，愈来愈甜。同时工蜂们还会在巢房上方煽动翅膀，让巢房通风；最后用蜂蜡把巢房封上，让花蜜储存在阴凉的地方。多么神奇呀！

蜂蜜能够酿造成功离不开蜂群的等级制度。蜂巢就是一个大工厂，每个成员各司其职，谁也别想觊觎他人。蜂群首领是雌性蜂王（蜂后），就像英国的女王一样，独一无二。但是与英国女王不同的是，蜂后比其他蜜蜂个头大很多，它一生的任务就是产卵。确切的说，蜂后在 1 月到 10 月期间不停地产卵，大概每隔 40 秒钟就会产 1 个卵，总的算下来，蜂后一生要产超过 200 万个卵。为了迅速恢复体力，蜂后只吃蜂皇浆。蜂皇浆是出生 5—14 天的小蜜蜂唾液腺的分泌物。蜂后的寿命因而比工蜂长得多，平均寿命为 5 年，至少是工蜂寿命的 10 倍。

那么蜂巢中的雄蜂呢？它们的个头比雌蜂稍大一些。包含几千只工蜂的蜂群里面，只有几百只雄蜂。男士们肯定对此羡慕不已。然而事实很残酷，雄蜂虽有幸同蜂后交配，但随后很快便会死亡。除了繁殖后代之外，雄蜂别无用处，它们既不会酿蜜，也不会采蜜。

值得注意的是，养蜂人会让蜜蜂在人造蜂箱中酿蜜。他们采用一些化学方法和抗生素预防病害，使人造蜂箱的产蜜量达到天然蜂巢的 4—5 倍。另外，采集野生蜂蜜需要熬制，这样就会破坏蜂蜜的天然营养成分。

你可能还没看过动画片《蜜蜂总动员》，电影里提出这样一个有趣的问题：蜜蜂虽然可免于转基因之害，但还是会遭受各类流行病的侵袭，如果世界上没有了蜜蜂，人类会受到威胁吗？答案毫无疑问是肯定的。没有了蜜蜂，很多蔬菜的产量就会降低，甚至会绝种。那时，我们大家可都要停下手头的工作，代替蜜蜂传播花粉了。记住这一点，你应该不会再把可怜的蜜蜂碾死在脚下了吧？

22

为什么雨水不能将汽车冲刷干净

我很喜欢这个问题,因为曾经有无数人问过我这个问题,我一定要亲自找到问题的答案。

你行驶在高速公路上,车身很脏,上面覆盖着一层从摩洛哥的沙漠吹来的沙粒(因为摩洛哥的沙尘经常会光顾法国),还有鸟粪和一些常见的污垢。大雨突然袭来,密密麻麻的雨点重重地拍打在车窗玻璃和车顶上。雨刮器已无能为力,你只好靠边停车。

塞翁失马,焉知非福,你暗想这场瓢泼大雨正好帮你洗车了。可待到雨过天晴,汽车还是灰头土脸。为什么雨水没有冲刷干净汽车呢?这和雨滴有直接关系。虽然雨滴时大时小,但大小并不重要,重要的是它们的速度。通常下大雨时,雨滴下落的速度仅为 60 千米/时。如果你正行驶在高速公路上,假设车速为 130 千米/时(实际上,在雨天,车速不能超过 110 千米/时),恰好你又在逆风行驶,那么此时雨滴相对车身的实际速度,应该是雨滴的正常速度同车速相加,最多不超过 200 千米/时。如果你将头探出车窗,雨滴打在脸上会疼痛难忍。问题恰恰出在令人发疼的雨滴上。我们可以向洗车店租一台高压清洗机。顾名思义,高压清洗机就是利用水泵喷射出高压水柱来冲洗物体。高压水柱就意味着水流速度极快。高压清洗机喷出的水流速度将近 800 千米/时,是高速公路上雨滴速度的 4 倍!

现在明白了吧,问题的答案就是雨水的力量远远不足以将汽车冲洗干净。

为什么小狗会冲大狗叫

这一幕就发生在你家楼下。和往常一样,你早上 8 点钟出门上班,急匆匆下了楼,准备到街角去买长棍面包和报纸。路上,你遇到邻居米楚夫人,她和平日一样,穿着睡袍,顶着一头卷发夹子,牵着小卷毛狗出门遛弯。她从来不怕别人笑话自己形象邋遢。不远处走过来杜庞先生,他也和平日一样,头顶圆帽,出门买面包,不过这次他还牵着自家的德国牧羊犬。两条狗刚一看到对方就都龇牙咧嘴,一场战争蓄势待发。此时,一旁的行人见此情景,不禁暗自捏了一把冷汗,真怕小卷毛狗会被大牧羊犬一口吞下,希望它能快点躲到主人的睡袍下面。然而,出人意料的是,小卷毛狗竟然毫无惧色,还卯足劲儿冲大牧羊犬"汪汪"直叫!不知是骄傲,还是害怕,米楚夫人激动得说不出话来。刚才还在叫个不停的德国牧羊犬此时却突然闭上嘴巴,低声哼哼起来。小狗获胜了。这是一场大卫与歌利亚①的较量,以弱胜强。但是,两条狗之间究竟发生了什么?是小卷毛狗拥有神赐的力量,还是大牧羊犬受到了什么威胁?不管答案是什么,米楚夫人温柔地抱起爱犬,得意地拍着它的小脑袋以示祝贺。然而,她却不知道,其实她的爱犬毫无战功可言。原因很简单,那就是小卷毛狗对自己的体型大小毫无概念,德国牧羊犬也一样,而且,任何一条狗都不会有这种判断能力。一定要保守住这个秘密,千万不要告诉她。

---

① 大卫与歌利亚是《圣经》中的故事,歌利亚是一位巨人,但是最终被大卫打败。——译者

为什么会有流沙

在喜剧电影《霉运侦探》里，佩兰手拎上衣，慢慢陷进一个坑里，距他1米开外站着一脸迷惑的德帕迪厄，他问道："佩兰，这一带并没有流沙，你怎么陷进去的?"这是一句引人发笑的经典台词！干旱的大沙漠上的确不易遇到流沙，但也并非绝无可能。流沙形成的条件是沙粒足够细腻，并且有足够的空隙。踩在流沙上，人立刻就会陷下去，很难抽身离开，相当危险。

流沙，就像名字本身，沙粒含量并不多，实际上，只有1/3左右是沙粒。流沙之所以险恶是因为其中还包含另外三种物质成分：黏土、水和盐。中午的沙滩上，或者是阿尔卑斯山脚的湖边，你和心上人散步的时候，肯定不会遇到流沙。但是，如果你们是在圣米歇尔山的海湾，那可要多加小心了，你可能会遭遇流沙。

遭遇流沙是否会像传说中的那样，被沙子吞噬、淹没、卷走？电影《夺宝奇兵》和《阿拉伯的劳伦斯》中都有这样的画面，但现实中却不会。水会把人淹没，但沙子不会。事实上，受困者只是被沙子卡住，救援一到便能脱险。

实际上，在黏土作用下，沙子和这些成分混合在一起会形成一种黏性物质。很快，这种物质会变得像酸奶那样黏稠。在正常状态下，它呈固体状，但是经过搅拌之后，它就变成液体了。如果有人不小心踩在上面，就会感到身体慢慢陷入一个深坑，顿时惊慌失措。流沙从表面上看起来干燥，坚实。事实上也的确如此。但是在人体重力的作用下，它的质地变软，会渐渐没过受困者双脚、腿肚、膝盖、腰部……受困者被卡住、吸住，仿佛掉进了可怕的水泥浆池一般。不过，受困者可以自救，轻轻移动双脚，使沙粒散开、下沉，使水包裹在脚趾周围，隔开沙粒。这时受困者还应该努力让身体尽量伸展开,以延缓身体下沉的速度。

有一点可以放心,流沙并不能将受困者完全吞没。我在之前曾提到过,沙粒不会把人淹没。因为沙粒的密度约为 2 克/立方厘米,而人体的密度约为 1 克/立方厘米。按照阿基米德定律,密度小的物体不会淹没在密度大的液体里。那些不幸死亡的受困者事实上是由于遇到了涨潮,因为流沙往往位于海湾地带。

所以说,在沙滩上穿防滑雪地鞋也无济于事!

为什么煤炭重新走俏

能源危机已经是老生常谈了,在此毋庸多言。石油的价格达到了历史最高位,中国和印度等一些国家对能源的需求日益紧迫,而已知的世界石油资源储量30年来却一直没有增加。人类虽然发现了新矿层,但由于石油价格的攀升,一些已经被关闭、几乎没有经济效益的矿井又重新被开发。

法国虽然没有石油,但是正如萨尔杜所说,法国人会想办法弥补,例如充分利用煤炭资源。2007年,一位人民运动联盟议员提议重新开发其所在地区的一座露天煤矿。有些人士认为,在煤炭开采的鼎盛时期,法国的煤炭开采业为40万法国人提供了就业机会,如今在法国重新开发煤炭资源也未尝不可。

虽然重新开发煤炭资源的计划尚未付诸实施,但可以确信的是,煤炭的前景依然被看好。原因很简单,煤矿层遍布世界各地,包括缺少石油的国家。最主要的原因是,煤炭能够满足石油无法满足的能源需求。

我们都知道使用石油会对环境造成污染,但实际上,使用煤炭所造成的污染更严重。煤炭燃烧产生大量烟尘和温室气体,这些比石油燃料带来的危害更严重。

实验室的研究人员正在研发如何将煤炭转化为清洁能源,甚至最清洁的能源。他们希望不久后能够用最低成本将固态煤炭转化为液态炭。因此,无论是固态煤炭还是液态炭,都有可能成为未来几十年内的主要能源。

为什么物种会消失

看完电影《侏罗纪公园》之后，千万不要带孩子去伊夫林的图瓦里野生动物园，否则，他们便会没完没了地追问梁龙和其他霸王龙的行踪。面对孩子们煞有介事的问题，该如何回答呢？

对于孩子而言，4 年或者 5 年已经非常漫长了，如何向他们解释恐龙在 6500 万年前就已经从世界上消失了呢？如何让他们相信连祖母都没有见过恐龙，因为人类已经很久没有见过恐龙在森林里散步了？没错，由于一块巨型陨石从墨西哥上空坠落，从此，恐龙便从生活了 1.6 亿年的地球上消失了。这是目前最为流行的解释。还有许多物种——昆虫、爬行动物、海洋动物、飞禽、哺乳动物——也都在那个时期灭绝了。当这些动物惨遭厄运的时候，地球却照常转动，丝毫不受影响。当然了，冰冻三尺非一日之寒，那个时期持续了几个月，甚至几年。那时，烟雾遮住了天空，遮挡了阳光，植物无法生长。没有了植物，食草动物便无以为生。没有了食草动物，食肉动物也无法生存。

在人类诞生之前，地球上的很多物种均已消失，自然灾害、火山爆发或者是宇宙灾难——比如一颗小行星的陨落等，都会给这些物种造成灭顶之灾。

但是，自从几万年前地球上出现人类开始，许多或大或小的灾难都与人类有着直接或间接的联系。

地球表面积有限，所以数量不断增长的人类为了果腹，不得不寻找更多种类的食物。打猎、捕鱼、建造城市、砍伐森林，动物则随之遭殃，它们不仅家园被人类侵占，而且还遭受人类的枪杀。森林面积减少 90%，生活在其中的动物种类便减少 50%。因此亚马孙丛林成为大家关注的“焦点”。

亚马孙丛林的物种灭绝率居世界榜首,而且那里的植物和动物也均在全球最受威胁物种之列。

其他类似情况的地区也不少。例如夏威夷、马达加斯加、赤道附近的热带雨林或者珊瑚礁。人类最好不要惊扰那里的动植物。否则它们会有生命危险,甚至更糟,会灭绝。

当一个物种消失,所有依附于这一物种的其他物种也都会随之消失。以渡渡鸟为例,这种鸟生活在毛里求斯岛,以果实为食,是当地特有的物种,在别处无法生存。毛里求斯本身就是一个岛国,当渡渡鸟遭到航海者的大量捕食而惨遭灭绝以后,19 种植物也随之消失,原因就是渡渡鸟的灭绝影响了这些植物种子的散播和发芽。

如今,物种灭绝的步伐加快了。据科学家估计,每年至少有 1 万种物种在消失灭绝!根据生物链理论,30 年后,地球上现有的物种中,至少有 20% 会濒临灭绝,动物多样性将受到破坏,导致生物链断裂。

而我们,弱小的人类,也会受到灭绝的威胁么?也许有一天,我们的后代需要发起“拯救人类”的活动。毕竟,4 亿年前,地球上有 4 类能够直立行走的灵长类。经过进化和演变,到如今幸存下来的只有人类。从人类的繁殖速度来看,人类灭亡的可能性极小,不排除人类自取灭亡。那时地球将和人类一起毁灭,除非有一颗陨石砸到了人类的家园。

第二部分

数字谜案

数字 13 会招来厄运吗

如果你以前乘坐飞机的时候从未留意过，那么下次可要留心一下：你机票上的座位号永远不会是第 13 排，理由既充分又简单，第 13 排根本就不存在！同样道理，一些高楼的楼层号也不设置第 13 层，12 层后直接便是第 14 层。然而，从外观上看，一栋楼当然有第 13 层！因为这一迷信的说法，挪威的 20 个郡中没有第 13 郡……类似的情况还有法国罗纳河口省的序号不是 13 而是 14！如果说餐桌上不宜有 13 位客人，那么显然是因为《圣经》里最后的晚餐中犹大是第 13 个入席的人，正是他告发了耶稣。谁都不希望席间坐着叛徒。实际上，古希腊和古罗马的神话就早已经赋予了数字 13 不祥的内涵。正是受这些因素的影响，耶稣有 12 位门徒，奥林匹亚有 12 位神，黄道十二宫也有 12 个星座，当然啦，白天有 12 个小时，晚上也是 12 小时……

为什么我们要特别强调说 13 号正逢星期五时是黑色星期五呢？这还是和基督教的传统有关，因为耶稣在星期五被钉死在十字架上。另外，细算下来，一年中黑色星期五的出现不会超过 3 次，当然也不可能一次都没有。然而，年复一年，两次黑色星期五之间最长间隔为 426 天。对于五花八门的摸彩活动的主办者而言，这会带来一点烦恼，因为有数百万的临时彩民都打算在这一天碰碰运气。

碰运气？然而黑色星期五却是迷信者眼中黑暗的一天。据官方统计数据显示，在这一天停工或者调休的概率要比普通日子高出 5%—8%。要弄明白这一点，就要到白胡子、红袍子的圣诞老人那里去寻找答案。为什么要去问圣诞老人呢？因为圣诞老人形象的诞生正如黑色星期五，是市场与历史因素相结合的产物。所以，可口可乐公司推出了白胡子、红袍子的圣诞老人形象，而法国国家彩票使黑色星期五变为幸运日。但是，并非所有类似的结合产物都如此精彩，比如万圣节。

为什么欧元和美元的符号上都有杠

金融市场不景气,由欧元和美元之间的货币战争引发的谣言与恐慌无休无止。我们不禁暗自思忖着谁将会是赢家。

货币战争的结果一定是以其中一方的消亡而告终,历史已经证明了这一点。不过俗话说的好,“破钱撵好钱”,指的是在经济危机时期,贬值的纸币大量流通,人们把金币银币锁在保险箱里。当然,贬值的货币很快会被另一种货币取代。如果只是一场经济上的战争,获胜的一方通常也只是货币,还有货币的名字,全世界存在着十几种叫做美元的货币呢!

有趣的是,美元并不发源于美国。它起源于另外一种钱币,出现在中世纪末,在波西米亚的圣约阿希姆斯塔尔(今捷克的亚希莫夫)的约阿希姆斯塔勒,后来其名称被简化为泰勒(taler)。铸造这种钱币的材料是从一种高产量的特殊银矿里提取出来的,在整个奥匈帝国以及德意志各州广为流通。直到 18 世纪,也门地区的一些君主专政国家也还在使用着泰勒。泰勒继续流通,在到达中东之前,它先是到了南美,进入了冒险家的口袋,渐渐演化,成为最初的美元(dòlar)。美国美元也并非其他以 dollar 命名的钱币的“父亲”,而是一个在流通中大获全胜的“儿子”……第一枚北美美元于 1690 年出现在马萨诸塞,直到独立战争期间它才成为美国美元。

为什么美元 $ 是由带竖杠的字母 S 表示而不是字母 D 呢? 这个问题困扰着许多孩子,尤其是我的大儿子,他才刚刚开始读鸭子比索系列童话。美元用 S 表示,这与钱币的名称没有任何关系,而是和“美国”本身的名称有关。美国的英文名称是 United States……最初联邦银行印刷的纸币上印着大写的字母 U 和 S,纸币上两个字母的排版很奇特:字母 U 和 S 交叠在一起。所以,从一开始,字母 U 的底部就和字母 S 的底部重合了。

后来,就像所有的标志或商标一样,交叠的字母 U、S 渐渐简化,U 字母两侧的竖杠变得越来越近,最后直接由两条竖线代替了,再后来两条竖线合在了一起。

相比之下,欧元符号€的来由则简单得多。符号中的字母 E 是由钱币名称——欧元(Euro)而来的,可以代表欧洲(Europe),但是两道杠却与联盟(Union)一词无关,因为欧元符号€中的两道杠是水平的,而不是竖直的。如果只用一道杠,很容易与字母 E 弄混,而两道杠就不会了! 也许有一天这两道杠也会合并到一起……

为什么手表指针从左向右转动

有些问题让我很是纠结,因为它们可能会有好几种答案,而每种答案似乎都合乎逻辑,都有道理。最明显的一个例子就是日晷。最早的日晷是北半球的埃及人于公元前1500年发明的。然而当时,这个东西还不是日晷的模样,不过是一根插在地上的棍子而已。虽然钉在墙上的木棍或者小尖刀的影子从右向左移动,恰好与手表指针的转动方向相反,但是太阳在空中运动的轨迹却是从左向右的顺时针方向,最起码在北半球面朝南观察到的便是如此。因此,说来说去,合乎逻辑的答案应该是,手表指针是随着太阳移动的方向而转动。

但是,还有其他解释……

机械钟诞生于14世纪,但当时的机械钟不太精准,所以常常不准时,每天大约要慢一个小时。这些钟表上没有指针,只是在整点鸣响,供僧侣掌握时间所用,钟表自身并不显示时间。

后来机械钟有了指针,发明指针的可能是法国人,也可能是英国人。但是既然指针是从左向右转动,这足以证明指针是在法国诞生的,而不是在英国。因为在英国,汽车靠左行驶,火车靠右通行。不过也有人认为,指针之所以从左向右转动,是因为第一位钟表匠是右撇子!没错,对于一个惯用右手的人来说,自然是要向右转动门把手,所以指针也应该是朝这个方向转动。

还存在着最后一种原因,与刚才的推断有关:指针从左向右转动是因为我们写字是从左往右写的,至少在西欧这片发明钟表的土地上是这样的。这就引出了另一个问题:为什么有的人从左往右书写,有的人却从右往左书写,还有一些人从上往下书写呢?在后面的章节中,你将会找到答案。

36

为什么有闰年

为什么2008年和2012年在日历上都有366天？因为这两年是闰年，闰年来自于拉丁文 *bis-sextilis*，意思是“带两个六(366)”。2016年、2020年、2024年、2028年都将是闰年，依次类推，直到……2096年！与许多的世纪末年一样，2100年是没有第366天的。你肯定会说，可2000年却有啊。这是因为绝顶聪明的格里高利十三世①当初把2000年设定在规则之外。也就是说2000年本就应该是366天。但令人惊讶的是，这位身边聚集了众多数学家和天文学家的教皇如何能早在1582年就为后人做出这样一个非同寻常的决定呢？

那是在特伦托大会上，会议的主要内容是修改儒略历。当时，教堂神职人员、主教、红衣主教、罗马教皇共同商议决定把2000年设为闰年。然而这项决议等待了400多年才得以实施。

让我们追根溯源从儒略·恺撒开始讲起。其实，早在公元前45年，学者们就向儒略·恺撒建议修改历法，因为当时使用的历法存在缺陷，需要时不时地作出修正，才能与季候相符合。一个太阳年有365.242199天，而一个民用年只有365天。累积下来，每隔一个世纪，历法误差会达到将近一个月！按照当时的历法，人们甚至会在冬季收获庄稼……情况刻不容缓，恺撒自己也很清楚这一点。埃及人先于罗马人意识到了这一点，所以恺撒在一位埃及天文学家索西琴尼的建议下制订了新的历法。新历法规定每隔四年就额外加上一天。此历法被命名为儒略历，以向恺撒表示敬意。

---

① 格里高利十三世(1502年6月7日—1585年4月10日)，意大利籍教皇(1572—1585年在位)。——译者

美中不足的是,恺撒和索西琴尼对旧历法所做的修改并非无懈可击。只是过了16个世纪人们才注意到了这一点。格里高利十三世教皇和德国天文学家克罗首先提出修改建议。为了消除儒略历施行以来的累积误差,克罗向格里高利十三世教皇提出一个解决办法:把1582年10月4日的后一天改为同年10月15日!恺撒的闰年很好地完善了历法,但却依然有疏漏:有些年份不宜设有第366天。于是克罗把这类年份定在了世纪末,不能被400整除的世纪年不能是闰年,因此2000年有366天,而2100年只有365天。按照这个准确无误的方法,至少要再过3333年,历法才会有1日误差(除非地球绕太阳转动的速度突然加快或者减慢)。要说明的一点是,各国采用格里历取代儒略历的进程快慢不一。天主教国家率先使用格里历,而德国和荷兰等新教国家则一直到1700年才开始改革,圣公会教的英国直到1752年才开始改革历法。有一些国家的历法改革比较慢,例如日本,直到1912年才开始改用格里历。那么东正教国家呢?他们也很晚才采用格里历,所以,众所周知的俄国十月革命其实是在十一月爆发的。从儒略历改为格里历,这个过程持续了十几个世纪:改用格里历最晚的国家是希腊,因为大多数希腊人都是东正教教徒,所以直到1923年,希腊才改用格里历。

38

A4 纸的规格是怎么定的

你肯定测量过 A4 纸的尺寸，而且不下 10 次，甚至可能达上百次。假如你想把一张 A4 纸平均裁成两半，你就会一手拿尺子，一手拿铅笔，先仔细测量它的边长并找到中点。如果 A4 纸的边长是 30 厘米，或许就会简单得多。可是 A4 纸的边长偏偏是 29.7 厘米！

不过这也不难理解。你是否注意到，所有系列的纸张，从 A0 到 A8，有一个共同的特点，将 A0 纸对折便得到了 A1 纸，前者的宽等于后者的长，依此类推？此类纸张的长宽比，即长除以宽，是 2 的平方根，即 1.4142135。该系列里面最大的纸张，即 A0 纸，面积恰好是 1 平方米。A 系列纸张于 1922 年在德国确定了尺寸标准，当时是按照德国的工业标准来制定的。法国到了 1967 年才开始遵循这种标准。可是，事实上，早在法国的督政府时期（1795—1799 年），法国的数学家、政治家、军事技术专家卡诺便已经制定了两种特定规格纸张，以便管理、记录行政文件。当时大纸张的规格是 42 厘米 ×59.4 厘米，中等纸张规格是 29.7 厘米 ×42 厘米。内行人和擅长数学的人会立刻注意到这和如今的 A2 和 A3 纸的规格是一样的。但是由于当时所有经过标准和规范化的东西都要被征税（当时国库极其空虚，国家想尽一切办法筹钱），卡诺制定的纸张规格标准难以实行，人们更愿意使用 21 厘米 ×27 厘米的纸张。这种情况在法国一直持续到 1960 年代末。而我们用电脑打印文件的时候，纸张尺寸往往默认 US Letter（美国信纸）规格。如果打印机里面没有与美国信纸规格相符的纸张，打印机就会卡住，或者打印出来的文件不完整。可见普及 A4 纸遇到的最大障碍就是加拿大和美国，因为它们仍然使用信纸纸张规格。

为什么网球比赛的计分是15、30和40

网球比赛的计分规则十分特殊。在一局比赛中,选手赢一球计为15,赢2球计为30,赢3球计为40,如果此时对方得分低于40,那么这名选手只要再赢1球便赢得该局。但是如果两名选手打成平局,比分为40:40,这时一方再赢一球称为"占先",选手必须在占先的情况下再赢一球才能赢得该局。这样一来,一局比赛时间可能会无限延长,国际网球比赛中,一局比赛时长的最高纪录竟然将近1小时。

我看到很多人解释过网球计分规则的由来,但我总是记不住。有时是因为那些解释太过牵强,有时则是因为解释得不够清楚。

相信我应该能比其他人更加清楚地解释网球计分规则以及网球的前身——掌球的规则。因为我家离法国最著名的网球厅仅几百米。1789年6月20日,在这个网球厅里,577名法国三级议会第三等级代表和少数第一等级代表济济一堂。他们并不是在玩网球——对不起,是掌球——而是在做一件惊天动地的事:宣誓在法国宪法未制定之前决不解散。因为当时法国国王路易十六不允许第三等级的代表进入三级会议的会场参加讨论。这次网球厅事件拉开了法国大革命的序幕,该网球厅也被写进了历史。

掌球游戏在16世纪的时候是一项大众性的运动,在17世纪大受贵族欢迎,风靡一时。1598年,仅在巴黎就有1800多个掌球厅或掌球场。克雷泰是一名王室掌球手,他于1686年提议修建一个皇家专用掌球厅,建造在距离凡尔赛宫200米的日落大街上。自此以后,日落大街便更名为掌球街。当时路易十四经常和大臣来此处打球,然而时尚往往是昙花一现,掌球很快就被人遗忘了。巴黎和法国其他各大城市的掌球厅陆续陷入困境。直到1789年6月20日,这个皇家掌球厅才因"网球厅宣誓"事件而闻名。在

40

法国大革命和拿破仑帝国时期，法国的时尚经历了无数次变化，新兴的资产阶级并不习惯打掌球，因此掌球在法国逐渐日薄西山。然而在英国和美国，掌球却大受欢迎，逐渐演变为如今的网球。

网球的前身是法国的掌球，而网球的名字也离不开这个渊源。掌球球手发球时会冲对方喊一声："接球！（Tenez！）"后来的事情便可想而知了，掌球运动被引入英国后，tenez（接球）一词很快就变成了英语的 tennis（网球）一词。发生在同一时代的类似的语言转化现象有很多，比如德语的 was ist das（意为"这是什么"）变成了法语里的 vasistas（意为"气窗"）①。vasistas 与 tennis 都产生于 18 世纪末和 19 世纪初，而不是传说中的产生于第一次世界大战期间。

但是当时网球的计分规则是怎样的呢？与现在的网球不同。按照现行的网球计分规则，30:0 的情况下，分数多的一方并没有取得绝对优势——他还要再赢得两球才能取得比赛胜利。而以前的法国掌球的计分规则是这样的：在 15:0 的时候，占优势的一方可以朝球网方向前移 15 步后再发球。显然这样有利于对方球手，因为对方如果放高球的话，靠近球网的一方可就要接受考验了。15:0 时前移 15 步，30:0 时前移 30 步，40:0 时当然就是前移 40 步了！可是为什么是 40 而不是 45 呢？那是因为如果球手往前走 45 步的话，就要撞上球网了，而 5 步的距离恰好是为占先者预留的！现在清楚了吧？15、30、40 的分值等于网球手朝球网移动的脚步数。

---

① 1806 年，拿破仑的部队向普鲁士迅速推进。耶拿城的居民一直平静地在自己的家园里从事着自己的工作。一天，街上传来嘈杂的脚步声，他们将门窗都关得死死地，只将一扇活动的玻璃窗打开。他们从小孔里探出头来，互相询问。他们都大声地问自己的邻居："Was ist das（发生什么事了）？"法国士兵从未见过这样的活动玻璃窗格，也未曾听见过"Was ist das"这句话。回到法国后，士兵们便向法国的木匠们讲起在德国见到的稀奇事。木匠们开始制造类似的小窗，法国的房屋上渐渐开始安装这类窗户。但当人们问起那些退伍军人，普鲁士人是如何称呼那些可爱的小窗时，他们笑着答道："叫做 vasistas（气窗）"。——译者

最终占先的球手只需再向球网前进5步即可,表示该局比赛结束。法语因此成为网球比赛裁判报分的传统用语,即使越来越多的国外网球赛事忽略了这一点,但网球计分的规则的确源自于此!

还有一个与网球比赛有关的词语:"吸引眼球(épater la galerie)",其实,这个典故的出处单看字面意思便一目了然。这也要追溯到掌球游戏的时代。当时有位名叫恩霍的球手,他的球技极其高超(你可能想象不到他有多厉害,毫不夸张地说,他就是18世纪的费德勒[①])。每逢恩霍比赛,阶梯座位观众席必定爆满,甚至连比赛场地两侧的走廊(galerie)上都挤满了观众,是不是很厉害?还有更厉害的呢!掌球顾名思义就是要用手掌击球,有一个与掌球有关的词语叫做"抓住时机(chasse)","趁虚而入(Qui va à la chasse perd sa place)"这句话就与此有关,而与打猎[②]无关。"追击(chasse)"是掌球比赛的专用术语。追击者要变换位置向前移动(如上所述朝向球网前移),发球时就失去了优势。"追击"的一方最终赢得一局比赛时离球网只剩最5步,而惨败的一方则原地待毙。但是如果只是想热热身而不考虑得分的话,那叫做"练球",有点像现在的"热身赛"。

---

① 费德勒,著名瑞士男子网球运动员,被誉为网球天王。——译者
② 因为法语的"chasse"一词本意为"打猎"。——译者

42

如何统一世界各地时间

这个问题很棘手。请在家中各处仔细数一数那些显示时间的电器，你会发现至少有 15 个，厨房里面有微波炉、电磁炉、定时器、咖啡壶，客厅里有气温表、DVD 播放器、电视机顶盒……但是它们上面显示的时间却不一致。这可是件麻烦事，尤其是法国还设有冬令时和夏令时。

和家用电器显示时间不一致带来的麻烦相比，世界各地时间不统一所造成的混乱更难以想象。的确是这样。例如，两个多世纪以前，法国每个村庄的时间都不统一。村民以本村教堂大钟所显示的时间为准。由此导致的结果是，相距仅几千米的两个村庄，时间却相差一两个小时。19 世纪，随着铁路的开通（当时火车的速度还不到 50 千米/时），统一时间的要求被提上了日程。很快，"民用时"诞生了。时间不统一的问题最终得以解决。在法国，东部的斯特拉斯堡的日落时间比西部的布雷斯特仅仅早了 45 分钟，因此全国统一使用巴黎时间作为标准时间。而对于国土面积比法国大得多的美国，这种做法就行不通了。美国国土上共有 7 个时区，每个时区对应一个标准时间，而俄罗斯则更多，有 11 个。

若想统一各国的时间，必须设置一个统一的参照标准。在国际本初子午线选定大会上，英国人抢先法国人一步，令格林尼治子午线抢占了本初子午线的头衔，巴黎子午线落选。虽然如此，英国人并未统一全世界的时间。这个任务最终由坐落在塞夫尔①的布勒德耶大楼里的国际度量衡局（BIPM）完成。该机构于 1969 年 4 月 25 日获得国际承认，职责重大，国际声望堪比联合国以及联合国教科文组织等国际组织。国际度量衡局的工

---

① 塞夫尔，法国城镇，位于上塞纳省，在巴黎的郊区。——译者

作平台会接收到来自于全球50多个铯原子钟发出的信息,在对这些数据进行平均计算后得出统一的国际原子时。世界时间因此得到统一。

但是,原子时并不是世界时,也不是所谓的协调世界时(UTC)。这个问题很复杂,但原因很简单。

首先,地球绕太阳公转一周的时间被称作为一年。众所周知,一年有365.2422天,8765.813小时,525 948.766分钟,31 556 926秒。

不过,地球有时也会放慢脚步,因为她已不再年轻!科学家指出,地球已有46亿年的高龄(这个数字约有两三千万年的误差),所以,这位老夫人会时不时地迟到1秒钟。此时,位于巴黎天文台的国际地球自转与参考系服务中央局会立即提醒大家,时间慢了一秒钟。请不要恐慌,这完全在预料之中。自1972年起,每当地球放缓一次脚步,国际度量衡局就会在协调世界时里添加1秒钟,称为闰秒。因为地球表面75%的面积被海洋所覆盖,所以有时候它会放慢脚步。注意,这里指的是自转的速度在放慢,而公转的速度则相对稳定得多。从1972年至今,为了调整协调世界时,国际度量衡局已经在原子时里增加了23秒。最近的一次闰秒出现在2005年12月31日,再上一次闰秒出现在1998年12月31日。但是,也许是因为地球发现了人类在监视它,所以一段时间以来,它竟然出人意料地变得守时了。

在1989—1998年间,出现了8次闰秒,而从1998年至今只出现了2次闰秒!如果某天广播里说又增加了1次闰秒,你应该会明白其中所包含的意义了。请注意:增加的1闰秒不是加在年末的最后1分钟,而是加在1月1日或者是6月30日夜间的0时59分59秒与1时0分0秒之间。别忘了对时哦!

是谁决定了历法的起点

想到圣诞节，堆积如山的礼物立刻浮现在脑海里面。而对于天主教徒来说，圣诞节意味着耶稣基督的诞生。耶稣诞生日最初被定为 1 月 6 日，直到公元 4 世纪，教皇利贝尔为了铲除基督教的强大对手密特拉教，而将耶稣诞生日提前到 12 月 25 日，因为密特拉教的主要节日便是冬至，即 12 月 25 日。①

关于圣诞（Noël）一词的起源一直莫衷一是，它究竟是高卢语“noio”（新的）和“hel”（太阳）的结合？还是来源于拉丁语的“natalis”（出生率）？我们不得而知。

至于基督的生辰年，也是说来话长。根据最新的推算，公元元年与基督实际生辰年差了至少 4—6 年。这个错误要归咎于 6 世纪时的一名修道士。由于当时既没有计算器也没有网络，他所做的推算难免有所疏漏。他根据一些历史事件推算出基督的生日是在罗马纪元 753 年。而根据圣徒马修的说法，耶稣是在希律王统治时期降生的。而这个杀害大量婴儿的刽子手卒于罗马纪年 750 年，因此他对基督生辰年的观点比修道士的结果提早了整整 3 年。再考虑到其他细节，误差就更大了。而圣徒马修在他编纂的《福音书》里也稍微出了点差错，不过这个差错已经无法弥补，再怎么责备马修也是于事无补。谁能记得住自己出生的时候国家领导人是谁呢？

---

① 当时施行儒略历。今按公历（即格里历），冬至总出现在 12 月 22 日前后。——译者

第三部分

科技正能量

为什么滑雪板有时候会滑不动

每年一周的滑雪真是短暂,但是一想到有机会去滑雪,我们依然会很开心。将近半数的法国人每年都会去滑雪,次数或多或少。然而在法国的邻国,每年仅有不到20%的人去滑雪。其中原因不说自明,因为法国是世界上滑雪场地最多的国家。英国人到法国滑雪,通常要连夜乘坐10个小时的火车,除非他们不惜重金在滑雪场附近买下一座小木屋。但是这些并没能回答我们的问题。可不是吗,为什么穿滑雪板在薄冰上滑行会打滑摔跤?为什么积雪消融的时候,脚下的滑雪板会吸附在滑雪道上?

首先要明白的一点是,在滑雪过程中,滑雪板与雪面摩擦产生静电,发出“劈劈啪啪”的电流声。这时你不要认为是脚下的滑雪板需要更换电池了,因为即使是最新型的滑雪板里面也不会安装电池……回忆一下你在初中物理课堂上学过的知识,就能明白滑雪过程中为什么会产生静电了。橡胶棒在毛衣上摩擦后会吸起头发、纸屑和灰尘。如果滑雪板是橡胶或其他任何容易产生静电的材料制成的,滑雪摩擦过程中产生的静电就会将雪吸附到滑雪板上,导致滑雪板被粘住无法动弹或被制动逐渐减速。为了防止静电,一些滑雪板底部往往采用的是石墨之类的导体材料,因为石墨能够通过白雪将静电传导给我们脚下的大地。因此,滑雪过程中,石墨滑雪板和雪面摩擦时就不再产生静电,也就不会像个充电电池似地一直在充电!

虽然石墨滑雪板不会产生静电,但它会发热,这也是确保滑行顺畅必不可少的条件。滑雪过程中的摩擦必然会引起滑雪板接触面的温度上升。这就好比我们在摩擦双手时,或者洗完澡后用毛巾在后背上擦过时一样,摩擦生热!

在滑雪运动中,这种摩擦生热是不可或缺的。因为在滑雪的时候,我们不是在雪面上滑行,而是在一层很薄的水膜上滑行。从某种程度上说,在滑雪板底部形成的小水珠起到了润滑剂的作用,所以滑雪板才得以在雪地上充分滑行。

但复杂的是,如果滑雪板底部的水分过多,就无法滑行了。可不要以为4月份阳光明媚春暖花开的天气里你还能从1200米高的山顶畅快滑行而下。此时积雪融化,你就不是在滑雪,而是在滑水了。若想充分滑行,脚下就需要更大的滑板。所以在这种情况下,雪橇要比滑雪板更容易滑行。

在冰面上呢?这就完全相反了。雪地上可怜的小雪花实在是太脆弱了,它们在滑雪板的撞击中粉身碎骨,并马上变成了小水珠。而冰面上的冰晶却结实得多,所以在数以百万计的小冰晶上,滑雪板无法滑行,因为冰晶这种坚硬而牢固的物质会磨掉滑雪板底部的防护蜡,损坏滑雪板。所以,滑雪板在薄冰上会打滑,而在积雪覆盖的山坡上却能充分滑行。亲爱的读者朋友,这样的解释你还满意吗?

为什么GPS能够定位

老实说，并不是所有人都有一级方程式赛车手朋友（不过，我的主编或许例外，因为他结交的人比我多），这个概率之小正如你不可能每天都看得到斑马。总之，我们很少见到自然界中的斑马如何与狮子搏斗、与虻蝇群激战……然而，如果你的车里有一台GPS导航仪，你可能不知道它的工作原理，或者只对其使用方法略知一二。我之所以会有这样的判断，是因为有一天餐桌上的客人们谈论起移动电话，埋怨手机通话过程中时常会出现断线的情况，他们认为是通信卫星数量不够多的原因。

然而事实并非如此，手机通话不需要卫星发射信号。2000年前开始实施的“全球之星”计划，目的是在低纬度发射几十颗通信卫星作为信号中继站，以此来实现全球随时随地都可以使用手机通话。然而计划最终夭折了，因为通话成本过高，用户难以承担。此次失败给股东们造成数百亿美元的损失。如今，移动通信设备依旧靠地面无线电中继站传输信息，这种中继站是一根根天线，在乡村随处可见，大多安装在水塔顶或者教堂顶上，而城里的无线电中继站往往就隐藏在烟囱底下。

那么GPS定位系统呢，它在卫星的辅助下运行得很好，它的信号来自于高空中的卫星，准确地说位于离地面约22 200千米的高空。

GPS系统是如何定位的呢？是通过三角测量。不过这个三角和乐器三角铃毫无关系。不对，应该还是有一点关系的。你还记得吗，小时候在唱诗班，歌唱得不好的小朋友被安排击打三角铃作伴奏，电影《放牛班的春天》里面便有一个这样的片段。没错，就是那个三角铃。要想准确地确定你在地球上所处的位置，GPS定位系统的小盒子要询问好几颗卫星。至少3颗，因而称之为三角测量。由于每颗卫星的所在位置都是确定的，因此，只要测量每颗卫星至 GPS 接收器间的距离，便可计算出 GPS 接收器使用者所在的位置，并在地图上标注出来，“全球定位系统”的名字就是这么来的。不过我刚才犯了一个低级错误，GPS 接收器小盒子是不用询问卫星的，否则，在如此远的距离接受信号，就需要一条巨长无比的天线！事实上，小盒子只需要接收 GPS 定位系统的每个卫星播送的信息。什么信息呢？其中包括测定的世界时，它由每个卫星里配备的 4 个相互监视的原子钟提供。实际上，由于这些卫星离小盒子远近不一，卫星发出的信号到达盒子的时间也各不相同。信号传播同光速一样快——也就是每秒 30 万千米，这可真是了不起的科学发现！也就是说，从卫星发射出一种“哔”的声音到小盒子接收到它只需要 0.1 秒左右的时间。实际上，信号到达 GPS 接收器的精确时间是 100 纳秒至 67 毫秒。三角测量法测到这种距离差，并最终获得你所处的准确位置——误差只有几米。

在今天这样一个快节奏生活的时代，在地图上定位自己的位置只不过是几分钟甚至几秒钟之内即可完成的事情。

为什么在高速火车上手机信号不好

尽管运营商在广告中总是信誓旦旦地承诺手机信号有多么好，可是该死的手机每次在高速火车上都会掉线，这是为什么呢？我会这么想，是因为我乘坐高速火车的时候，总能听到周围的乘客在抱怨手机没有信号。

火车上手机信号时断时续，如果手机断线了，最好不要再重新拨打，因为即使通话时间不到一分钟，运营商也会按一分钟收取通话费。没有人愿意为了两分钟的通话付 10 分钟的话费。在高速火车上手机之所以总掉线，是因为火车 230 千米/时的速度太快，手机很难捕捉到通信信号。高速火车每分钟行驶约 4 千米，然而手机信号发射塔的覆盖范围直径从几百米到几千米不等。换句话说，你与对方的通话是通过信号发射站来实现的。而在列车行进过程中，沿途的信号站不断变换，就像接力赛一样。而手机和信号发射器之间的对接需要一定的时间，所以有时你驾车速度过快，手机也会没有信号。因为发射站之间接力传递信号的速度赶不上汽车的位移速度。高速火车行驶过大片田野的时候，手机就更难捕捉到信号了，因为运营商不会为了火车上区区几千名临时用户而耗巨资在田野上安装通信设备。通信信号站都是为了给周围的村民发送信息，因此一般不会设置在铁路沿线。此外，每个运营商都有各自的网络运营和信号发射台的管理政策。现在你明白为什么在高速火车上我们的手机信号会时断时续了吧？除非给火车安装信号转发器，它可比手机信号发射器要强大得多。据说这正在考虑之中。

你也许会问，空中通话呢？空中通话在不久的将来就能实现。长期以来，医院里、飞机上一直都禁止打电话，不过近来专家们研究得出结论：与对空客或波音飞机飞行设备的干扰相比，手机对医院设备的干扰要小得多。将来会有一天你可以在飞机上打电话。但是注意一点,你的手机无法在海拔 12 000 米的高空,在每小时 900 千米的飞行速度的情况下,从一个信号发射站跳到另一个上,所以如果手机要同地面上的发射器玩捉迷藏,那可输定了!但是我们可以通过安装在飞机上的中转天线,经由卫星实现通话。不过并非所有人听到这个消息后都会满心欢喜,因为有的乘客,比如我本人,在飞机上就想好好休息一下,不想被邮件和电话打扰。

激光是什么

21世纪最大的问题是人们变得麻木不仁,对任何事都习以为常。人类沉浸在一个“科技成就非凡”的世界中,但是对科技背后的故事却了解甚少。以前,我们的汽车和客厅里往往都装有CD播放机,2000年以后,CD被DVD所取代。一台DVD播放机最初的价格并不高,比到小饭馆搓上一顿,外加葡萄酒和甜点的花费还要少。

CD机和它的继任者DVD机既小巧又精密,其中奥妙至今还让人觉得不可思议。激光是所有这些光学仪器应用的基础,1970年代,这项技术令电子工程师们着迷。其实早在1917年爱因斯坦就奠定了激光的理论基础。而激光器在1960年代才诞生,随后广泛应用于信息的读取,如读取CD、DVD光盘中的信息以及超市的商品外包装条形码中的信息。激光就是在那个年代从理论走向实践的。

你也许会觉得这没什么好惊奇的,但事情本身的确很奇妙。稍微想一下,你会发现家里有十几种激光设备,而且还都是十分精密的设备。1980年代的科学实验室要弄到这些新玩意儿,所需的花费就是天文数字。十几种?当然啦!厨房和浴室里的CD机,客厅里的DVD机,然后是碟片刻录机,再加上你的电脑,小孩的电脑游戏机,还有车载CD机。对了,还有1990年你在纽约花了不少钱买的,如今却被扔得不知去向的随身听。最后还有你的激光笔钥匙扣,这种钥匙的盖子可以使光束呈星形、心形、还有雪花形,在台湾花0.2欧元就能买到一个。

然而激光却不是一般的技术。这种有色光并不是普通的光束,换句话说,它也是一种运载能量的工具。第一类激光可以切割玻璃或者钢铁。《星球大战》离我们并不遥远,也不是空想,但是凭我们目前的科技水平还无法制造出星球大战里的激光剑,因为激光在一般情况下是不可见的,只有被散射后才能被看见。例如,在研讨会或者商业会谈上做幻灯片演示时,我们可以看到投影屏幕上的激光光斑,但是激光光束却不可见,这是第一个问题。第二个问题是无法从光源处限制激光光束的长度。激光束有起始点,却没有终点,它会一直延伸直到组成它的所有的光能在大气中消耗殆尽。在宇宙中,如果遇不到吸收能量的障碍物,激光光束可以到达无限远。绝地武士手中的激光剑其实是一支氖光灯管,这样的激光剑是很容易坏的。

激光的能量除了可以应用于太空技术,像电影《星际旅行》中那样摧毁宇宙飞船之外,还有许多其他用途。首先激光可以用来读取信息。这一点是最值得惊叹的,你现在可能会遗憾怎么没有早点意识到家中竟然有这么神奇的东西。其实激光就藏在你家 DVD 机的深处,它能够读取光盘的圆形螺旋槽纹内的信息。槽纹圈的长度累计可以达 48 千米,而宽度却还不到 1 微米,确切地说是 0.74 微米!人们把 1 米的百万分之一称为 1 微米,也就是 0.001 毫米,可想而知激光光束的尺寸有多小!更加让人震惊的是,汽车在行驶过程中,一路颠簸,而 CD 机内的激光头却能泰然自若地读取光盘槽纹里的数据。当然还有一点,CD 机在读取数据的时候会提前把读取的数据记录在缓存里,当 CD 机受到震动不能读取数据的时候,就会把缓存里的数据释放出来,这样 CD 机在播放歌曲的时候就不会因为震动而停顿。笔记本电脑的 DVD 光驱也是如此,任凭我们怎样晃动笔记本,不论光盘怎样移动,光驱的激光头还是能照常工作。

激光无处不在。配合幻灯片演示的激光笔、CD 机和 DVD 机用的是红色激光,外科医生做白内障手术或者近视眼手术用的是绿色激光,还有使用蓝色激光的光驱,它可以读取 DVD 的高清图像。激光的颜色是工程师们设计出来的吗?不是的,每种颜色都对应着一定长度的波长,不同波长的激光束有不同的极限半径。当然,蓝色激光比红色激光的光束更细,同传统 DVD 光盘相比,蓝光光盘上可以存储更多的信息,因此可以保存更清晰的图像。

激光还有更多的用途有待开发，例如，它能够在大气中形成一个导电通道，也许有一天人们可以把巨大的太阳能发电厂建在卫星上，再用激光把电输送回到地球。

还有，或许某一天，客厅里的照明灯也可以通过激光光束与220伏电压的电源相连。

附言：激光（laser）是英文 light amplification by simulated emission of radiation（辐射的受激发射光放大）的首字母缩写词。

为什么在太空里会失重

我们都在电视上看见过宇航员或者航天员在太空中的画面，他们摆弄着奇怪的设备，在宇宙飞船里或者空间站里飘来飘去，随时喝上一口飘浮在半空的橙汁球①。在太空里，地心引力的影响很小，物体就会失重。科学家最喜欢用“失重”这个字眼，以区别于地球表面的“重力”。然而，失重现象经常被误读。人们往往以为失重状态下的人是自由飘浮的，但事实上他们却是在下落！失重的状态同高台跳水是一样的，和开始下降的电梯情况也很相似，里面的乘客会和电梯以同样的速度坠落。宇航员或航天员看似静止不动，实际上他们却以一种我们察觉不到的速度在运动，也就是他们乘坐的航天器的速度。

让我们从头说起吧。航天员和航天器若想飞离地球，飞向宇宙，必须借助运载火箭的推力使其具备一定的横向速度，以克服地球的强大引力。这种速度足以使航天器沿着一条封闭的轨道围绕着地球转动，而又不会掉落下来。航天器一旦发射，在离开地球仅仅 8.5 分钟之后，航天器里的航天员就会飘浮起来。应该说航天员和航天器在以同样的速度飞行，速度可达每小时 28 000 千米。航天员和航天器之间形成了一种相对的静止。

这其中还有个严重的误区需要澄清，其实失重与真空没有关系，航天器和人造卫星内也不是真空的。否则，航天员就无法呼吸啦！

失重确实很神奇，有些不可思议的现象便与它有关。在失重状态下，我们无法用磅秤称出物体的重量。但是物体的质量却是恒定的。当太空里的航天员进食时，为了防止他们暴饮暴食，必须严格控制食物的摄入

---

① 由于失重，液态的东西在太空中会聚集在一起成为球状。——译者

量——法国航天员出发时所带的食物均是顶级厨师烹制的，既美味又富含营养，令人食欲大增。由于太空中无法使用天平，因此必须用其他办法称量食物。航天员用一台机器抛出食物，然后根据食物的惯性就可以计算出食物的质量了。

一顿丰盛的晚餐，如果能抽上一支雪茄就更好了。不过这只能是个假想，因为航天器里禁止吸烟。原因显而易见，在此我就不多做解释了。不过即使准许吸烟，取出一根火柴，划来划去，也不可能点燃。为什么火柴在太空里无法点燃呢？英国牛津或剑桥名校的考生们或许也会被这个问题难倒。实际上火柴必须在氧气中才能燃烧，而在航天器里，在失重的情况下，空气分子没有重力，无法对流，氧气得不到更新，火花瞬间便熄灭了。

如果不能像航天员那样飞上太空，可是又想体验一下太空的感觉，怎么办呢？很多富翁有这样的愿望，这个愿望可以实现吗？当然可以，怎么实现呢？有两种选择：第一种选择是到距离莫斯科不远的星城去。这个星城是航天员培训基地，在那里你可以登上一架配备有特殊装备的飞机，模拟失重飞行。一旦到达 8 千米的高度，飞机便会做一次持续 20 秒的自由下落，你肯定会头晕目眩，而且你会发现自己头朝下，脚朝上，在飘浮！法国也有一种这样的设备，叫做“Zero G”，位于图卢兹，但是不对外开放，即使是富翁也不行。

第二种选择是到维珍银河城去体验太空。理查德·布朗松是维珍城的老板，亿万富翁。银河城里的航天飞机飞行高度达 100 多千米，能够承载 7 名游客，每张机票售价仅 20 万美元。2012 年进行首飞，费用需预先支付。①

上面两种方法对普通人而言可望而不可及，不过还有一个办法可以一试，只要有个几米高的铁塔或水井便可以，而且无须花费一分钱。你可以

① 直至本书中译本发稿之日，维珍城仍未实现运送旅客至太空的计划。——译者

从塔顶向下跳，来个自由落体运动，便可以体验3—10秒的微失重。不过这些塔和井可不是为我们体验失重而准备的，从上面跳下来的后果可想而知，坠落水底，惨不忍睹。若想坐着航天器用90分钟环游世界俯瞰地球，而且在一天之内欣赏多次日升日落，还需耐心等待。

火箭如何挣脱地球引力

我们都曾模仿丁丁的样子,用纸板或者纸片建造自己的火箭。可是,红白格子相间的火箭做起来实非易事。1969年阿姆斯特朗在月球上行走的画面,可谓无人不知无人不晓。

向太空发射一枚火箭,尤其是载人火箭,的确很神奇。

在19世纪时,俄国的发明家齐奥尔科夫斯基就已经提出了向太空发送航天器的设想。在当时,人们觉得这种想法很荒唐。到了1957年,苏联研制的“R-7”弹道导弹秘密升空。同年,苏联将第一枚人造卫星——“斯普特尼克”送入太空轨道,而随行的母犬莱卡则成为第一个进入太空的地球生物。

然而,重达700吨的航天器是怎样以28 000千米/时的速度冲向太空的呢?一位瑞典航天员曾告诉我,这个速度比子弹的速度还快。更准确一些,这个速度是高速列车速度的100倍。这辆奇特的太空“出租车”会将航天员载到位于400千米高空的国际空间站(ISS)。如果天气晴朗,当空间站运行到我们正上方时,我们就可以观测到它了。

首先,火箭需要挣脱地球引力才能升入太空。这无疑需要巨大的能量,尤其是极快的速度。如果没有足够的助推速度,发射出去的火箭会重新落回地球。想象一下,当你吹起一个气球,没有封口就松开手,它会到处乱飞,直到里面的空气跑光为止。同理,火箭的发射,要借助于排出大量气体的反作用力,才能脱离地面,以极快的速度飞向几百千米以外的太空。

比如,“阿丽亚娜5号”运载火箭配有3个发动机,其中一个名为“火神”的发动机异常复杂,每秒钟要排放出320千克的气体!发动机的运转意味着要消耗大量的燃料和助燃的氧气。但太空中没有氧气,因此所有的火箭必须配备巨大的氧气罐,非常麻烦。不仅如此,为了确保航天器能够飞离地面,在它的两侧还要配备两个巨型的助推器。火箭发射两分钟之后,也就是在火箭离开大气层之前,这两个助推器就会自动脱落。大多数情况下,助推器会落入大海,之后会被船只打捞出来回收。一方面是避免污染环境,另一方面是经济因素,因为掉入水中的零件尚有利用价值。

火箭一旦发射,地面工作人员便开始进行远程控制。事实上,火箭运行的轨道并非由航天员掌控,而是由计算机控制,也就是一种自动控制飞行系统。航天员在航天器进入太空之后才开始操作机器。

最后一点,随着火箭不断上升,它必然会剥离一些已经完成使命的保护装置,从而减轻自身的重量。例如,当火箭飞出对流层进入空气较为稀薄的平流层后,就会脱掉保护卫星的整流罩,因为这时已经顺利穿过了温度最高的大气层,安全得到了保障,整流罩已经完成了它的使命。返回地面时,苏联航天员要乘坐结实却不太舒适的返回舱回到地面。而美国航天员所乘的火箭则化身为航天飞机,降落到一条庞大的跑道上。这样做经济上吃得消吗?如果美国的航天员乘坐传统的火箭升空,美国的航天计划成本确实会降低很多。但是,在冷战时期,美国人让自己的火箭或者火箭的一部分以更优雅的姿态返回地面,是为了展示自己国家的实力,显示他们的科技胜过其他国家。同样,自 1976 年开始,苏联开始尝试发射自己的航天飞机,目的也是要向美国证明自己的实力。“暴风雪号”航天飞机是“铁幕”①后面东欧诸国所拥有的唯一一架航天飞机。1988 年 11 月 15 日,“暴风雪号”首飞也是唯一一次飞行大获成功。之后,由于柏林墙的倒塌和苏联的解体,这一颇具前景的计划被搁置。在当时,美国的航天飞机是由航天员驾驶返回地球,而苏联的“暴风雪号”航天飞机则是无人驾驶,自动返

① 铁幕指的是冷战时期将欧洲分为两个受不同政治影响区域的界线。当时,东欧属于苏联(社会主义)的势力范围,而西欧则属于美国(资本主义)的势力范围。这个词出自英国首相丘吉尔在美国密苏里州富尔敦城的威斯敏斯特学院所发表的题为《和平砥柱》的演讲。——译者

航，准确着陆。而如今的俄罗斯航天业早已没落，唯一一架有过飞行记录的“暴风雪号”，因飞机库倒塌而严重受损。而其余的航天飞机则被他国低价收购，用来吸引游客（例如在澳大利亚展出），或者被摆放在博物馆中展览。多么悲惨的命运！

为什么我们感觉不到地球在转动

“我有点头晕，觉得天旋地转”，办公室里的女同事对我说。天旋地转？可她正稳稳地坐在转椅里，一动不动啊！那么显然是大脑内部的问题了。当然了，“觉得天旋地转”只是一种比较形象的比喻，为了表达自身的感觉而已。可是，如果我们说地球在旋转，这还是一种形象化的比喻吗？当然不是。我们的地球犹如一个巨大的陀螺，在不停地旋转，而地球上的我们却感觉不到。

地球的旋转分为自转和公转。自转，即地球绕自转轴旋转，周期为 24 小时，因此便有了白天和黑夜。公转，即地球围绕太阳旋转，周期为 365 天又 15 分钟，因此便有了四季。

然而，地球朝着哪个方向旋转？这个问题确实很少被提及，也许是因为人们感觉不到地球在转动。答案是，地球在自西向东旋转。

假设我们乘坐火箭升入高空，再从北极上空俯瞰地球，会发现它既绕自转轴逆时针旋转，又绕太阳逆时针旋转。以怎样的速度旋转呢？这要依情况而定，但毋庸置疑的是它一刻不停地在飞速旋转！地球赤道上的物体自转线速度约为 1700 千米/时。但是，越是远离赤道靠近两极的地方，自转的线速度就越慢。因为越靠近两极，自转的周长就越小。这有点像电影《宾虚》里的画面：当马车转弯时，位于最外围的马匹要加快脚步，以保持和其他马匹在同一条直线上，而内侧的马匹只需小步前进。地球的公转线速度为 108 000 千米/时。在冬季，地球公转的线速度更快，因为此时地球位于椭圆形轨道的近日点附近。

然而，我们却从未感觉到地球在旋转。无论我们坐在椅子上，还是躺在床上，都感觉不到自己在动。可是，就在你阅读一段文字的工夫，地球已经绕自转轴转动了 28 千米。我们之所以感觉不到地球在转动，是因为我们被地球引力吸附在地面上，而我们和周围的一切物体，包括空气分子，都在跟随地球以同样的速度运动。因为速度均匀，我们便习以为常。就好像一只苍蝇，落在飞行速度为 900 千米/时的飞机上，它也感觉不到飞机在飞。其实这都是匀速运动，彼此是相对静止的。

夜晚来临时，你仰头凝望天边的明月，月亮也静静地望着你，一丝浪漫的情愫不禁涌上心头。而事实上，看似静止的月亮也在自转，只不过比较缓慢，大约 17 千米/时。此外，月亮也在围绕地球公转，也是自西向东转动。月亮公转的周期约为 27 天，线速度约为 1 千米/秒。几千年以来，我们看到的总是月亮的同一面，你会觉得难以置信，但的确如此。因为月亮的自转和公转同步进行。地球和月球形影不离，将一直同步旋转。

为什么轮胎会爆裂

轮胎又爆了，车上的你肯定烦透了，这可恶的爆胎声！

盼望了几个月的长假终于到了，你驾车上路，城市的喧嚣与烦恼被远远甩在身后。可是没走多久，汽车爆胎了。你只好顶着烈日，沿着高速路的路肩，步行到几千米外寻找电话亭，呼叫牵引车来把车拖走。为什么不用手机呼救呢？因为如果你用手机呼救，警察就会问你所处的位置，而你只知道自己在高速路上，离里昂不远，这时对方就会要求你去找附近的电话亭，用电话亭里的电话联络，这样他们才能知道你的确切位置，然后派人来帮你排除故障……

如果轮胎没有爆裂，此时你应该已经到达目的地了！究竟有没有不会爆裂的轮胎呢？

当然有，不过这种轮胎主要用于大型机械，如牵引车等。如果你曾经坐过牵引车，那种颠来晃去的感觉，你肯定不会忘记。拖拉机的轮胎不易爆裂，是因为这种轮胎硬度超强。实际上，这种轮胎的特点是气体充足并且质地坚硬以防被异物穿透，但缺点是缺乏柔软度。即使驶过一个小水坑或者一条减速带，车身也会颠簸摇晃。如果每天驾驶的汽车安装这样的轮胎，我们的身体肯定承受不住颠簸。不能安装这种轮胎还有一个原因，轮胎供应商为了保证生意，自然是希望车主经常更换轮胎了。这就好比殡仪馆，虽然人们不喜欢与它打交道，可是不管经济形势是好还是坏，无论是下雨、刮风、下雪还是艳阳高照，殡仪馆总会有顾客登门。

因此，如果有一天防爆轮胎突然问世，那么等待轮胎工业的又将是怎样的命运呢？轮胎工厂的员工将何去何从？轮胎业的前景将会怎样？国家没有了轮胎业，就好比餐桌上没有了面包，无法想象。为了避免这个灾难，相关行业只能继续销售普通轮胎以维持市场平衡！实际上，工业史上曾经发生过类似的事情，如丝质袜被尼龙袜取代。尼龙于第二次世界大战前夕被研发出来。最初，尼龙被用于制造牙刷，到了1940年才被引入制袜业。尼龙的名字Nylon来自英文“Now you've lost our nippons”的首字母缩写，意思是：“现在，你的日本朋友已经离去。”因为在尼龙出现之前，日本丝绸是丝袜的主要材料。可是袜子和轮胎之间有什么关系呢？女人的丝袜易破，就像汽车轮胎易爆一样。丝袜很容易挂出洞眼儿，撕裂，或者抽丝，女人差不多每隔两天就要买一双新丝袜。然而，化学家完全可以制造出不易破损而且舒适美观的尼龙丝袜。只不过，这种袜子虽然集多重优点于一身，但是不会有经济效益。无疑，如果尼龙袜子彻底取代了丝质袜，像蒂姆、威尔等制袜公司可就要倒闭了。所以各制袜公司不约而同地抵制使用尼龙材料。

还是说说米其林吧。21世纪初米其林公司研发的“Pax系列”轮胎投入使用，准确地说，该类轮胎并非不会爆裂，而是在轮胎出现爆裂的情况下，汽车依然能够安全行驶。由于轮胎内部装有支撑环，汽车在轮胎漏气后仍然能够以最高80千米/时的速度行驶200千米。这种车胎漏气后，驾驶员难以察觉。因此必须在每个轮胎上安装一个胎压探测器，以便在轮胎漏气时通过仪表盘上的指示灯提醒驾驶员及时停车维修。另外，大部分司机喜欢使用一种叫做“自承载式轮胎”的特殊轮胎。这种轮胎的价格比普通轮胎高，但是即使轮胎内的空气全部漏完，加厚加固过的轮胎仍能支撑整个车身的重量。四驱车是自承载式轮胎的主要用户，装有这种轮胎的汽车遇到障碍物的时候一般不会抛锚。即使如此，这种轮胎也不能算作是不会爆裂的轮胎。

最后，只有一些自行车用上了那种硬度高不易爆裂的轮胎。马特拉集团有意为高端自行车安装此类轮胎。而且在轮胎里面添加凝胶，可以及时堵住被路面障碍物划破的缝隙。但是自行车运动员们肯定不愿意使用这种轮胎，因为这种轮胎显然要比其他轮胎笨重得多！参加自行车赛的选手们都希望能够轻装上阵，增加轮胎的重量是万万不可的，即使是为了避免爆胎……不管怎样，防爆裂轮胎的用武之地比较有限，你应该为米其林的员工感到高兴。但是，假期刚开始就遇上爆胎的问题，这可不是你期望的吧？

可以在同一天晚上到不同国家庆祝平安夜吗

这绝不是无稽之谈,从1976年到21世纪初的这段时期内确有此事,但现在已经不可能了。因为当时人们使用了特殊的工具。什么工具?协和飞机。自1976年1月21日至2003年10月24日的27年时间里,这只美丽的大白鸟以2.2马赫(即2200千米/时)的速度飞跃大西洋。黎明时分,大白鸟载着你从巴黎起飞,很快就抵达纽约。抵达时,纽约当地时间比出发时的巴黎当地时间还要早。不少商界大亨对此都有亲身体验。协和飞机停飞后,人们乘坐飞机旅行所耗费的时间变长了。从巴黎到纽约这段航程。协和飞机只需3.5小时就能完成,一般飞机则至少需要7小时。如今,能够在这么短的时间内飞完全程的只有歼击机。待会儿我们将具体讨论这个话题。

假如乘坐协和飞机,我们就可以在同一天晚上多次庆祝平安夜了。2000年,佛罗里达一家名为"协和心灵之旅"的公司推出一个创意,租用协和飞机组织一次特殊旅行,乘客从巴黎出发飞赴各地庆祝新年。首先在巴黎庆祝21世纪的到来,①然后在当地时间0:30登上神奇的协和飞机,向西挺进,目标纽芬兰,在当地时间零点之前就能够到达。纽芬兰的市民们正在庆祝圣诞节。游玩尽兴之后,再飞赴温哥华,当地时间不到午夜12点就能着陆。如果还想继续,就可以再飞往夏威夷岛,到达时恰好又是当地时间凌晨,稍微休息一会儿,便可以观看新年第一天的日出。这个创意的确很诱人。

---

① 国际公认2000年为20世纪的末年,而21世纪起始于2001年。——译者

2000 年 7 月 25 日，一架协和飞机起飞后 2 分钟便在戈内斯附近坠毁，机上 113 名乘客全部遇难。这一事件标志着协和飞机飞行生涯的结束。尽管航空公司曾设法让协和飞机重新启航，但数个月之后仍以失败告终。最后几架协和飞机分别于 2003 年 5 月 31 日和 2003 年 10 月 24 日终止商业飞行，全部退役。时区间的跳山羊游戏从此画上了句点。完全结束了么？还没有。还有一架俄罗斯的小飞机仍在萧条的日子里坚守着。在俄罗斯中部地区的下诺夫哥罗德，在索科尔飞行基地，“米格－29”战斗机还可以为某些特殊顾客提供服务，该战斗机速度高达 2.8 马赫（2800 千米/时），票价为 12 000 欧元。这个价格对这些特殊顾客来说仅仅是九牛一毛！如果再多花费几万欧元，“米格－29”就会带顾客到任何想去的地方，甚至是跨越到其他时区。俄罗斯至少有 11 个时区，所以顾客有很多选择……

无论如何，尽管圣诞节跳山羊游戏目前无法进行，但相信在不久的将来可以重新启动。飞机制造业和航天局都在考虑在 5—20 年后重新启用超音速飞机，而且还会送给乘客们一份意外惊喜，超音速飞机将在更高的空中飞行，乘客可以在高空享受极速体验，欣赏极致美景。

为什么安全气囊能及时弹出

安全气囊究竟藏在哪儿呢？即使你急刹车也无法把安全气囊从它的藏匿处逼出来。这种尝试不仅危险，而且白费力气。安全气囊非常聪明，能区分普通急刹车和真正的交通事故，不会轻易上当。只有当汽车发生正面碰撞，并且车速高于20千米/时或30千米/时的时候，安全气囊才会弹出来。安全气囊的原理十分简单，控制装置实时监测速度变化，当汽车正面碰撞时（侧面碰撞时，安全气囊不会弹出，除非气囊被安装在车门或者车座下面），控制装置会根据车速变化的剧烈程度判断出汽车出了事故，并立刻向气体发生器发出点火指令，随后气体发生剂会产生大量气体，充满气囊。这种气体发生剂也是火箭助推器的燃料之一。从事故发生到安全气囊弹出，整个过程耗时约0.028秒。这么短的时间，司机完全来不及反应。汽车碰撞后0.04秒，气囊触碰到司机的身体。再过0.015秒，气囊已经完全充满气体。再过0.005秒，气囊就会抵住司机胸腔。又过了0.01秒，气囊会支撑住司机头部，起到保护作用。当汽车发生正面碰撞时，如果司机没有系安全带，司机的头部会撞向方向盘；如果司机系了安全带，安全带会突然绷紧，压住司机的身体，安全气囊则可以缓冲脸部受到的撞击。

但是安全气囊不能保证司机丝毫不受伤害。司机的面部可能会因为安全气囊的正面撞击而受伤，眼眶撞得淤青，或者面部与气囊摩擦而轻微灼伤。更严重的甚至眼球被挤出眼眶。此时，副驾驶座上若放有婴儿座椅，安全气囊启动时，会猛烈撞击婴儿，不但不能起到保护作用，反而会伤害婴儿。所以越来越多汽车的副驾驶座位的安全气囊在需要时可以被锁住，以避免婴儿受伤。如今，有些车友协会甚至要求驾驶座的安全气囊也设置调节功能。无论如何，安全气囊的确挽救了成千上万人的生命。在

1970年代，每年有13 000人死于车祸，而现在这一数字已经降到5000，这当然要得益于安全带及被动安全系统的采用（如车外壳采用易变形材料可减缓冲击力，驾驶室采用不易变形的材料以构成求生空间）。此外，安全气囊也发挥了重要作用。

最后一个问题，安全气囊会令人窒息吗？幸运的是，答案是否定的。安全气囊在减缓冲击力后便会在2秒内开始放气。不过，千万不要以身试险。

立体电影为什么立体

这个问题可以算作发明史上的奥秘之一。立体成像的技术早在19世纪初就已经出现,而当时电影业正处于萌芽阶段,也就是无声电影时代。我还在上中学的时候,法国电视台第一次播放立体电影,给我留下很深刻的印象,到如今还清晰记得。当时我在一个朋友家里参加睡衣派对,他家有一台彩色电视机,而我家还是黑白电视机。电视里播放的是一部恐怖电影,讲述的是一个绿水妖的故事。那妖怪如巨型蜥蜴,但却长着人形,袭击了探险队中的一位女科学家,影片名字好像是《黑潭绿水怪》。肯定有人还记得那个怪物的脑袋,现在回想一下,当时那部影片真是轰动全国。当时大家要戴双色眼镜看这部电影,一个镜片是红色,另一个是绿色,这样可以使双眼产生立体的感觉。摘下眼镜,你就会看到图像是由错开的红色图像和绿色图像重叠而成。很简单,这种方法是利用左右眼的视差来制造一种视觉效果,从而形成一种伪立体效果。细细算来,那是20世纪80年代中期的事。

尽管如此,到现在,立体电影还是未能推广普及。无论是《夺宝奇兵4》里的哈里森·福特,还是《致命武器5》中的梅尔·吉布森,可以说他们都没能给观众带来足够强烈的立体震撼效果。

其实,更令人吃惊的是,上面提到的那个绿水怪电影在1956年就已拍摄完成,但是,人们花了30年才把它制成立体电影在法国上映。如今又过去30年了,这种三维图像技术依然没有被电视和电影普遍采用。这是为什么呢?

首先,我们来回顾一下双色眼镜,这种双色眼镜既不舒服也不实用。对于原本就佩戴近视镜的观众来说,这时就需要戴上两副眼镜。视力正常的观众也要戴着双色眼镜坚持到影片结束。一般而言,人们需要花上几周时间才能适应新配的眼镜,可见,正常人戴这种眼镜也一定不会舒服。

其次,说到立体影像,就必然会涉及到摄制成本的问题。毕竟拍摄真实的立体影像不等同于使用特效拍摄,前者所耗用的资金需要翻倍,因为需要使用两台摄影机同步拍摄画面。无论是有用的画面还是在剪辑时被删除的画面,都是两台摄影机同步拍摄下的。当然,要拍摄一部电影,一台摄影机是远远不够的,需要多台摄影机多角度取景,以便导演在剪辑时能够选择各个角度的画面,至少动作场面需要如此。如果传统影片的拍摄需要 6 台摄影机,那么立体电影就需要 12 台,也就意味着需要 12 份胶片,可想而知剪辑师的工作该有多么辛苦。所以,拍摄一部立体电影在很多环节上要花费双倍的资金。

最后,非常重要的一点,立体电影并没有太大的吸引力,毕竟立体电影技术本身并不能保证电影能够获得高票房,所以不一定被用于大型影片的制作。当然,有些立体短片的逼真效果的确令人震撼,例如,让 - 雅克 · 阿诺在 1994 年拍摄的《吉约姆,勇敢的翅膀》曾在普瓦捷未来影视城循环播放,轰动一时。值得一提的是,当时电影和放映大厅使用了一种特殊技术达到立体效果。这种特殊技术其实就是一种由特殊设备控制的频闪眼镜。放映厅的屏幕上方安装有一台红外线发射器,向观众的眼镜发射信号,频闪眼镜接收到信号后,左右镜片会交替变色,时而左边透光,时而右边透光,观众看到的影像便呈现出立体感。毫无疑问,当时这部影片也是耗费了巨资。这种眼镜目前的价格为 200 欧元,但是有可能过不了多久就会降到 40 欧元。除了有色眼镜和拍摄成本的限制之外,立体影像技术本身也没有征服观众。有些观众开始观看影片没多久就会抱怨头疼。有些人开始质疑立体影像本身的意义,认为立体电影与其说是一项革新不如说就是一个花里胡哨的杂烩。立体电影的前景似乎并不乐观。

但是全息 3D 电影却很可能取得成功。不过,这种电影最快也要在 2020 年之后才能与大家见面。

附言:百密难免一疏。就在本书付印前的最后一次校对期间,发生了一件事情,推翻了我的预测。2009 年,詹姆斯·卡梅隆展示了他的新作《阿凡达》。该影片耗资 2 亿美元,这对于历时 5 年制作的第一部 3D 巨片来说无疑是一笔巨额投资。结果是,其他导演也在考虑拍摄立体电影,或者是通过超强的信息技术将现有的 2D 电影转化为 3D 电影!比如,大家都在谈论比原来更为逼真的《星球大战》,这一次,影片里的舰艇给观众带来了超强的视觉震撼。

天气预报员如何在地图前"指点江山"

你大概也不止一次想过这个问题吧？其实，很多电视节目和天气预报一样，都使用视频特效来合成处理图像。以法国新闻频道为例，所有节目都使用虚拟背景，观众看到的是节目主持人和嘉宾正坐在一个宽敞、明亮、美观的演播室里，而实际上他们的身后却是一面绿色幕布，电脑对其进行了动态背景合成。

事实上，视频特效并非新生事物。几十年来，人们一直在用画面来替代绿色或者蓝色的幕布背景。摄影师拍摄节目主持人时使用蓝色或绿色幕布做背景，后期制作的时候把蓝色或绿色背景整块抠下，留下主持人的图像，再配上做好的其他画面就可以了。

为什么背景颜色一般均为绿色或者蓝色呢？很简单，因为我们不是蓝精灵！小学的时候，我们学习了与颜色有关的知识，颜料的三原色是青色、黄色、品红色，它们混合在一起能够配出各种颜色。我们称其为减色法混合，因为两种原色相混后产生的颜色比原色更暗。如果将3种原色完全混合，就会得到黑色。

但是，视频效果的规则恰恰相反，是加色法混合，混合色比原色更加明亮。加色法三原色是红色、绿色和蓝色，它们混合起来得出的是白色。录像机的说明书上，或者机身背面标记的"RGB"就是这3种颜色的首字母缩写。

再回到蓝色或绿色幕布上来。如果你是蓝精灵，站在蓝色幕布前主持节目，无论是蓝爸爸还是蓝妹妹，技术人员在抠除蓝色的时候，他们面部的图像也会随之消失。既然我们的头发和皮肤的颜色既不会是蓝色也不会是绿色，只要主持人的服装也不是蓝色或绿色，幕布的背景颜色就很容易抠除。所以天气预报员永远不会穿与幕布颜色相同色调的衣服，因为要避免自己的图像在气象图的前面不见了。

不过，这种情况已经在发生改变。以后，将由一种虚拟画面来渲染节目现场的背景。主持人依然坐在绿色或者蓝色背景幕墙前，但同时，计算机场景工作站生成的三维图像代替简单的二维图像作为演播室的"虚拟"背景，并跟踪摄像机运动实时调整和"移动"该虚拟背景，使之与拍摄的主持人图像同步变换，实现三维场景的移动变换与摄像机实际拍摄相一致的模拟效果，创建出一种动态画面背景。

这种虚拟演播室技术取得了巨大的成功，不久的将来，也许还会出现几乎以假乱真的虚拟主持人。只是，电脑永远无法模仿纳吉的灵活多变和德拉吕①的桀骜不驯。

---

① 纳吉和德拉吕均为法国著名的主持人。——译者

76

为什么地球不是宇宙的中心

“生物战士，宇宙的英雄，生物战士，生物战士，所向披靡，战胜星际空间一切恶势力……”这是我儿时一部动画片的片头曲，如今已经成为三四十岁法国人心中的圣曲。在现实生活中，生物战士并不是勇猛无比的英雄，而是与人类无异的生物。因为宇宙囊括一切，不是幻象。房屋、猫、地球、月亮、超新星、银河系以及太空中的尘埃一起组成了宇宙。实际上，目前我们人类对地球以外的广阔空间知之甚少，因此寻找宇宙的中心可谓是一项艰巨的任务。公元前几世纪，著名的哲学家柏拉图和亚里士多德认为，地球，也就是人类世界，是宇宙的中心。继柏拉图之后，人们又有了新的探索，从阿里斯塔克到哥白尼，他们发现实际上太阳才是宇宙的中心，所以地球并不是宇宙的中心。

如果说宇宙拥有中心，那么也就意味着宇宙也有边际。如果属实，宇宙边界的另一头会是什么呢，是另一个宇宙吗？有一些科学家支持这一观点，认为存在着数个平行的宇宙。其他宇宙里也有与人类相似的生物吗？如今，人们已经知道，宇宙正在逐渐膨胀，因为有一些星系离地球愈来愈远。我们的宇宙将扩张至什么地方？科学家对此尚无定论。

不过有一点可以确定，宇宙是广阔无垠的。人类目前可以观测到的星星约 7×10^{22} 颗，分布在约 10^{11} 个星系中。这些带有指数的数字，末尾的 0 一个接着一个能排成一条长长的直线。根据哈勃望远镜的观测，星系的数量还远远不止这些。

宇宙在空间上有一个中心，在时间上也有开端。从某种程度上说，我们可以计算出宇宙的年龄。我们的宇宙大约诞生于 137 亿年前（约有 2 亿年的误差，不会影响计算结果）。宇宙的“诞生”，也就是著名的宇宙大爆炸，与其说是爆炸不如说是剧烈的膨胀运动，结果宇宙便形成了。这个理论是比较主流的观点。可是大爆炸以前的宇宙又是什么样呢？或许什么也没有，也或许有，我们不得而知。如果有一天，宇宙毁灭了，接下来又将会发生什么呢？目前，人们只知道宇宙中星系里的天体都终将毁灭。以太阳为例，50 亿年后，太阳会吞掉水星和金星，可能还会把地球一并吞掉，最后发生爆发，只剩下一个直径只有几千千米的白矮星。其他星球也终将毁灭。大约在 200 亿年之后，宇宙里不会再有发光的天体，只剩一片残骸，而各个星系也将瓦解。至于空间，即宇宙的内部，有人认为它会先收缩再膨胀，这就是“大挤压”理论。相反，另一些人则认为宇宙空间会继续无休止地扩张下去。

但实际上，当人们谈起宇宙，通常指的是可观测到的宇宙，即我们肉眼所能看到的或者借助精密仪器可以观测到的宇宙。所以，从某种程度上可以说，我们这些微不足道的地球人，确实是位于宇宙的中心。

为什么麦克风会发出刺耳的声音

阶梯教室里有 100 多位听众等着你上台发表讲话，可是你刚靠近麦克风，还未张口说话，大家都已经捂着耳朵东倒西歪了，扬声器里传出刺耳的声音，拉森哥来了！确切地说是索伦·拉森。从名字可以看出拉森是丹麦人，正是他发现了麦克风发出刺耳声音的原因。这位物理学家发现，声音被麦克风接收后，由音频输出系统输出，紧接着，放大后的声音又会被麦克风再次接收，周而复始，从而形成正反馈。声音的频率和强度被反复放大，最终导致麦克风发出尖锐的啸叫。简而言之，细微的声音被麦克风放大，经音箱发送出来，再由麦克风接收后再放大，往复循环，这种现象被称为“拉森效应”。

接下来，如果你没有切断麦克风的电源，尖锐的啸叫声却突然停止了，那可要当心了！“拉森效应”可能导致音箱电路因信号过强而烧毁。有什么解决办法吗？建议你关闭扩音器的声源或者切断麦克风的电源。最好的解决办法是让麦克风远离传声器，以避免产生“拉森效应”。

视频中也会出现“拉森效应”，其实就是画面的循环。将摄像机连接在电视机上，播放拍摄好的画面，同时，用该摄像机拍摄正在播放的画面。除了录制的画面有不断重复的画中画之外，这种“拉森效应”对摄像机不会造成丝毫损伤。

第四部分

饮食起居的科学

微波炉怎样加热食物

叮铃！“在死前的5分钟他还活跃着”，这是德拉帕利斯将军①的名言。一份盛放在船形盘子中的古斯古斯②在放进微波炉加热之前它还是冷冻着的，叮铃，5分钟后它就可以食用了。

当初洗碗机用了20多年时间才得以普及，相比之下，微波炉占领我们的厨房如此之快可谓是神速。但是只有三分之二的家庭配备了洗碗机，而十分之九的家庭都拥有微波炉。更值得一提的是，用不到30欧元就能买到一台微波炉，功用可以和价格高过其10倍的烤箱相媲美。

然而，微波炉并非人人皆宜。尤其是陈旧破损的微波炉会危害我们的身体。市面上有售各式各样的微波泄漏探测仪，小巧便携。到朋友家做客时，你可以随身携带一个微波泄漏探测仪，到时检测一下主人家的微波炉，估计这会成为餐桌上一个不错的话题。如果你没有微波泄漏探测仪也没关系，现在我们一起来看看微波炉诞生的过程，你肯定会更好地了解它的作用。

就像因意外而发明的苹果挞和康布雷薄荷糖一样，微波作用的发现也纯属偶然。1945年，第二次世界大战结束后不久，美国一位雷达工程师不经意把一小袋玉米落在了雷达实验室内一台正运转的雷达发射机旁边。

---

① 德拉帕利斯(1470—1525)，法国著名将军，原名杰克德查邦尼斯。他是骑士团首领，精力非常充沛，受重伤后，一直活跃到咽气前一刻钟。部下为了纪念他，作了一首通俗歌曲。其中有“直到死前一刻钟还活跃”句，后来讹传为“还活着”，而“德拉帕利斯的真理”则成了废话的代用语。——译者

② “古斯古斯”是北非居民将粗麦粉蒸熟后浇上一层肉、鱼、蔬菜打成的卤所做成的一道菜。——译者

再回到实验室的时候,该工程师发现玉米粒都已经变成了爆米花。雷达发射机与微波炉有着一个相同的部件,就是磁控管。雷达正是通过磁控管发射的微波探测飞机的。微波炉内的磁控管将电能转变成微波,微波以很高的振荡频率穿透食物。磁控管工作的原理是怎样的呢?原来磁控管连续产生微波,再经过波导系统,耦合到烹调腔内。在烹调腔的进口处附近有一个可旋转的搅拌器,搅拌器是风扇状的金属,旋转起来以后将微波散射到各个方向,所以能够把微波能量均匀地分散到烹调腔内,以此来加热食物。但是微波又如何加热食物呢?微波炉内的食物本身并没有随着微波而震动,否则你就会看到意大利细面在炉子里翩翩起舞、小豆子在炉子里蹦蹦跳跳啦。其实整个过程中真正做运动的是食物内部的水分子。当食物吸收微波时,食物内的水分子会以每秒钟 24.5 亿次的频率快速振荡,分子间互相碰撞而产生大量的摩擦热,食物因此而快速变热。然而也正是由于这个原因,我们不能在微波炉里面加热生鸡蛋。当然,如果你想给微波炉内壁重新刷上一层“鸡蛋漆”的话,那又另当别论啦……顺便说一下,微波炉运转的频率。它跟移动电话的频率(0.9GHz—1.8GHz)差不多,与无绳电话和无线网络的频率(约 2.4GHz)也很接近。但是,要知道,这些设备所辐射的微波功率同微波炉比起来,都是微不足道的!正因为如此,虽然你的微波炉披盔戴甲,可依然会有一些微波“逃窜”出来,这些微波会干扰到你的无线网络、无绳电话甚至是移动通讯系统。叮铃!你的古斯古斯热好啦,开动吧。

为什么圆珠笔芯上有个小孔

你的一生用过多少支圆珠笔？说起这个问题，我就想到小学生们每年用掉的成千上万根圆珠笔芯。油墨被用光后，圆珠笔被孩子们拆开，最后就只剩下一根笔芯，并转眼就变成了可装弹丸的吹管。如果把笔芯侧面的小孔堵住，吹管的威力就会变得十分强大，成为校园大战中的主要武器。如果你能把一根圆珠笔芯中的油墨用得一干二净，毫无残留，那就把它做成吹管向我发射吧（但愿比克男爵①的继承人能奖励我在此为他们做的免费广告）！

但是，不管怎样使用，圆珠笔芯里面最终总会有些许残留的油墨！

但是这些都没有解答为什么笔芯上面有个小孔。非常简单，当然是为了方便书写！我们可以拿一支比克水晶系列透明圆珠笔好好研究一下。圆珠笔的一端是圆珠笔头，另一端往往是一个标示油墨颜色的塑料小塞子（有的笔没有这个小塞子）。中间是一根装满油墨的细笔芯。随着使用，油墨逐渐变少，直到被用尽。我们往往会把用光的圆珠笔芯随手一扔，可怜的圆珠笔芯要么滚落在沙发下面，要么被我们踩得粉身碎骨。

使用过程中，笔芯中的油墨会不断下滑，余出的空间需要由空气填补上。空气就从笔芯上的小孔钻进笔芯里。如果没有这个小孔，空气进不到笔芯里面，笔芯里的气压就会变低，油墨就无法下滑。假如此时你正在通电话，需要在便笺本上记录一个十分重要的电话号码，便笺本恰好又不在电话旁，手里只有一支圆珠笔，那可就惨了。笔芯里的油墨不下降，你就写

① 法国男爵马塞尔·比克于1950年成立了比克公司，开始大量生产圆珠笔。——译者

不了字，就无法记录电话号码。你的情绪肯定糟透了。不过，电话另一端的朋友肯定会理解你此刻的心情。

在不同类型的圆珠笔芯上，小孔的位置不一。找找看，有的是在笔尖一端，有的是在笔杆末端。这也就解释了为什么有时在我们下飞机之后，随身携带的圆珠笔会有油墨溢出——尽管所有的圆珠笔芯制造商都承诺说他们的产品绝对不会出现渗漏的情况。如果你口袋里的圆珠笔遭遇气压突变的状况，笔芯内的油墨就会渗出弄脏衣服。恐怕你得跑一趟干洗店了，或者干脆买一身新西装吧。

笔芯上带孔的比克圆珠笔近来很受欢迎，因为它有一个新功能，可以避免孩童误吞笔塞卡住嗓子而不幸窒息。而让空气进入笔芯的最好办法就是在管体末端挖一个小孔。优质圆珠笔芯的优势在于，尽管管的末端有这么一个小孔，但管内的油墨并不会因此而变干，至少在几天内或者几个星期之内不会变干。

真的有爱情激素吗

“一缕暖阳敲击着心房，我的心上人，我俩一见钟情。”这是科西安蒂①歌曲中的唱词。多么熟悉的旋律，你肯定记得吧！

然而爱情来临时，并不只有太阳能敲击心房，闪电也可以，所以法国人常常用 coup de foudre（字面意思是“闪电的一击”）来形容一见钟情。不过可要小心了，这道闪电霹雳有可能随时在你头顶上空炸开，击到你身上，不管你是在充满异域风情的诺丁山闲逛，还是在其他地方游荡。一旦爱情到来，你身上的爱情激素便蠢蠢欲动，你就会为一位素昧平生的帅哥或靓妹而心动。当爱情激素萌动时，你甚至可能对一位相识已久，从未动心过的人突燃情愫。一些研究人员声称，人与人彼此间的吸引是化学物质引起的，这种化学物质十分复杂。

请注意，一见钟情应该归因于激素的分泌，绝非其他原因。如果没有激素，就不会有化学反应，你就不会为对方怦然心动。

爱情激素一旦分泌，爱情便会不请自来。为什么呢？我们每个人的身体都会散发出一种独特的气味，它来自腋窝下、胸部乳头周围以及腹股沟处的汗腺。这么一说，你或许会有些难为情，可事实的确如此。正是这些部位使你的身体气味变得独特。有的人会被这种气味吸引，有的人则敬而远之。可是有什么证据能证明这些气味的存在？它有什么重要作用呢？婴儿便是一个很好的例子。婴儿离开妈妈往往会哭闹，可是一闻到妈妈衣服的味道，尤其是妈妈胸衣的味道，就会恢复平静。当有一天你的犁鼻器

① 科西安蒂，著名意大利裔法籍作曲家，曾为《巴黎圣母院》、《小王子》等音乐剧编曲。——译者

(鼻子里面一个不起眼的小组织,能够引发各种情绪)捕捉到了喜欢的体味时,就会把信息直接传达至大脑,告诉你遇到了生命中的白马王子或是白雪公主!你的大脑开始分泌多巴胺,在它的作用下,你会感到极其兴奋欢乐,苯乙胺(巧克力成分之一)则能使欢乐的感觉更加强烈。

然而,一旦骚动不安的爱情激素平静下来,一见钟情的感觉就会像它来时那样迅速消失吗?对陌生的帅男靓女瞬间产生的激情也会顷刻无影无踪吗?这可不一定!一见钟情的感觉确实不会伴你一生(失恋的忧伤也一样,不会像歌曲里唱的那样纠缠你一生),这通常取决于追求者体内产生的化学反应。热恋阶段过后,大脑开始分泌一种更加温和的激素,也就是内啡肽。内啡肽是一种类吗啡激素,它能够控制激情,使人更理智地对待热恋中的情感。因为热恋时,人们吃不香,睡不好,过马路的时候会忘记看红绿灯。不过,幸好有内啡肽及时出现,帮我们避免了不少危险。接下来大脑还会分泌另外两种激素,催产素和血清素,它们能使人享受更加温和、持久的幸福感。恋爱的双方会变得更加相爱相依。大自然真是神奇,一切都按部就班,井井有条!

毕竟,如果激情澎湃不停,人的身体肯定会吃不消。

为什么香槟有泡沫

你正在开启一瓶香槟酒,从瓶中溢出的泡沫把你的手给弄脏了。这时你可能就会埋怨香槟酒为什么会起泡沫。

我们都知道香槟酒比较昂贵,尤其是标有酿造年份的香槟酒价格更是不菲。香槟酒里面溶解着一种气体,确切地说,是 12 克液态的二氧化碳。香槟酒瓶内的气压达 6 个大气压,相当于潜水员在 60 米的水下所承受的压强!因此香槟酒瓶往往要比葡萄酒瓶更厚更结实。尽管如此,香槟酒瓶却不难开启,只要你的手够灵活,用一把小刀或是香槟酒杯脚就能打开。你近距离观察一下香槟酒瓶,就会发现瓶口处锡箔包装外面的铁圈。用东西敲击一下瓶口处的铁圈,铁圈就会松动。你松开铁圈,撕掉包装纸,接下来就要拔瓶塞了……

瓶塞一旦被拔开,瓶内的气压骤然降低,二氧化碳气体便会跑出来。不过瓶子里面还会残留一些二氧化碳,所以倒出来的酒还会冒气泡。

要想让酒杯里面的香槟酒冒更多的气泡,那就不要把酒杯擦拭得太干净,稍微留一点点小灰尘就可以,为什么呢?一旦酒倒进杯子里,二氧化碳气体就会逃得无影无踪,杯子里只剩下清爽可口的液体。可是,倒进杯子里的香槟中溶解的二氧化碳若要转变为气态,还需要一种催化剂,那便是附着在杯子内壁上的小灰尘。当然,我们用肉眼是看不到这些小灰尘的。

因此,如果你想好好地招待客人,让杯中的香槟酒快乐地冒气泡,就不要太用力擦拭香槟酒杯。

为什么可乐中放进曼妥思糖后会喷发

肯定有数百万网友在电视或者网络视频里看到过这样的画面：一块曼妥思糖被扔进可乐瓶子里，可乐立刻就会像喷泉一样喷射出来。电视新闻，甚至是晚间黄金时段的新闻，都多次报道过这一匪夷所思的现象。

真的匪夷所思吗？不完全是。这同上一节里提到的问题还有一些联系。尽管没有任何大学研究人员曾对此课题进行过研究，但是一些科学家坚信，这是由于苏打水中溶解的二氧化碳骤然转化为气体散发出来而引起的。这一反应过程极其迅速，曼妥思糖凹凸不平的表面尤其有助于反应的发生。要想看可乐加曼妥思的爆炸场面，只需花 2 欧元就够了。你不会舍不得花这点儿钱吧？毕竟这种场面还是难得一见的。实际上，各种苏打水都可以代替可乐做这个实验，我们之所以使用可乐，是因为可乐是深色的，效果会更好。还有一件事你千万不要尝试，那就是喝掉整整半升苏打水之后立刻吃曼妥思糖。据说这样会致命，原因并不是由于气体过度膨胀和爆炸，而是由于可乐和曼妥思糖混到一起后会发生反应，产生一种叫做 Ta9V4 的有毒的化学成分。所以，可乐与曼妥思糖的混合物进入胃中会使胃感到异常不适，会有气体排出体外。也许这还是一个大好的“商机”，毕竟巴黎的红磨坊里已经有半个多世纪没有“屁艺人”①登台表演了。如若真是这样，可真是“世风日下，人心不古”了②。

---

① 约瑟·普约尔（1857—1945），擅长用屁声发出不同的乐音，以 Le Petomane 为艺名，意为“屁艺人”，于 1892 年在巴黎“红磨坊”登台表演而一屁成名。——译者

② 原句为拉丁文：O tempora o mores！出自罗马著名哲学家西塞罗于公元前 63 年所做的演讲。——译者

为什么有的眼镜片会变色

你赴约之后准备回家,刚到室外,刺眼的阳光便迎面扑来。你如果随身带有太阳镜,那么就赶紧把它取出来戴上吧。如果你忘记眼镜是放在背包里还是外套口袋里,那翻找起来可就要费点工夫了。甚至有可能你走到地下停车场,还没有找到太阳镜。停车场里面很昏暗,眼睛很不适应,这时你就会不由自主地眯起眼睛寻找汽车停放的位置。当你开着车从停车场出来的时候,外面强烈的阳光又一次令你头晕目眩。

不过在我们这个时代,上面这样的窘境不会再出现了。1960 年代,一位美国发明家发明了一种尖端技术,可以让镜片适应外界光线的强度,颜色自动变深或者变浅,且不需要任何按钮进行操作。这种镜片叫做光致变色镜片,它可以在 8 秒之内由深棕色变为浅灰色,或者由浅灰色变成深棕色。当你戴上这种眼镜,在室内坐在电脑屏幕前面工作的时候,它会和普通的眼镜一样,是无色透明的,周围的同事绝不会发现任何异样。可是,当你夏天去海边,或是冬天去滑雪时,你的眼镜片就会随着环境变化而变换颜色。

光致变色镜片具有与传统太阳镜片一样的功能,能够有效阻挡紫外线 A 和紫外线 B。你的瞳孔只需静观其变就可以了。事实上,光致变色镜片之所以能变色,是因为其中含有对光敏感的分子,这些分子是变色的主要因素。在没有紫外线照射的情况下,这些分子是无色的。当然了,紫外线无所不在,可是肉眼却看不见。光致变色镜片一旦暴露于紫外线中,尤其是紫外线充足时,镜片中的光敏分子性质就会发生改变,从而呈现出各种颜色。没有紫外线的时候,光敏分子就恢复到原本的无色状态,从而使镜片恢复无色透明。

光致变色镜片可以说是我们这个时代的一项先进技术。但是,还有一点,或许是两点,需要说明一下。首先,有些眼科专家认为传统太阳镜比光致变色眼镜能更有效地过滤阳光,从而更好地保护眼睛。此外,镜片变色的速度仍然不够快,而光敏分子的性能又会逐渐衰退,这些缺点令光致变色镜片无法真正保护敏感的瞳孔,因而备受冷落。另外,驾车的时候,光致变色眼镜也派不上用场,因为车窗上装有光致变色玻璃。从 1990 年代开始,光致变色玻璃迅速普及,被广泛用于车辆的挡风玻璃。当我们在高速公路行驶时,尤其是在驶出昏暗的隧道时,多亏了这些光致变色玻璃,我们的眼睛才能不受强光刺激,皮肤才能避开紫外线照射。我们再也不用担心出门前是否忘了涂防晒霜了。

还有另外一项发明,给视力差的朋友带来了福音,我们的日常生活也因此发生了不小的变革。你不必再用袖子的背面或面巾纸清洁你的镜片了。以往擦完镜片,你会把眼镜举起来,对着灯光,闭上一只眼,用另一只眼仔细端详镜片是否擦干净,一副若有所思的样子。这种多年来养成的习惯可以改一下了,有了自动清洁镜片,你就轻松多了!口袋里皱成一团的纤维擦镜布该退出历史舞台了,你的眼镜片从此可以自动清洗了。如何自动清洁呢?一方面,光催化剂可以在光的照射下令有机物分解。另一方面,镜片自身有亲水性,落在镜片上的雨滴会形成一层水膜,水膜向下滑落的同时会将镜片冲刷干净。你也想要这样的眼镜吗?还犹豫什么?行动吧!

为什么戏剧有幕间休息

幕间休息到了，你可以趁机活动一下双腿，查看一下手机短信，或是去趟洗手间。你若是3件事情都做的话，那可要抓紧时间，因为幕间休息只有二十几分钟。

然而，你知道吗？戏剧中场安排幕间休息，并不是考虑到观众需要活动筋骨或去洗手间，而是另有原因。

最初的时候，安排幕间休息是为更换舞台背景提供时间，尤其是要更换吊灯上的蜡烛时。因为当时用蜡烛照明，大概每隔一小时便需要更换蜡烛，否则整个剧场就会漆黑一片。即使后来人们改用电灯照明，幕间休息的传统依然保留了下来。在17—18世纪，剧院曾尝试在幕间休息时穿插芭蕾舞或其他歌舞表演，以免观众觉得无聊，但是这种方法并没有得到观众的支持，最后此事便不了了之了。

但是，人们安排幕间休息还有其他原因。

古罗马人首先发明了戏剧表演，还把一部剧分为好几幕，并设置了幕间休息。幕间休息时会穿插长笛演奏等音乐节目，目的就是让观众在看戏过程中能够放松一下。

而古希腊人的幕间休息则是为了让演员中场休息。幕间休息时会有诗歌朗诵和合唱，以便缓和剧院里凝重的悲剧气氛。

在日本，幕间休息也是用来调节气氛的。日本的能剧是一种风格独特的悲剧歌舞表演艺术，演员需要佩戴面具演出，观众不太容易长时间集中注意力。幕间休息时，日本人便想办法在能剧浓重的悲情气氛中穿插入一种叫做狂言的喜剧艺术。狂言是一种以对白为主的喜剧，简单而幽默，富有讽刺意味，内容往往取材于日常生活。

你或许会问:为什么早期的电影院播放电影时也有幕间休息?

其实原因很简单:当时的放映室只有一台放映机,电影播放过程中需要更换胶片,所以安排了幕间休息。观众不仅可以休息一下,还可以买一根雪糕解解渴。

为什么我们会起鸡皮疙瘩

恋人的拥抱会让你颤抖，影视明星的出现会让你激动，美国人最新设计的过山车也会让你心惊肉跳，却又欲罢不能。此时，尽管你浑身战栗，身上的汗毛却乖乖地趴在皮肤上，绝不会像树上的叶子那样摇来摆去。但是，当你在冬夜里等待地铁时，为什么一阵穿堂风吹过会令你瑟瑟发抖，汗毛竖起？可恼的是，这股凛冽的寒风袭来时，你根本不能抵抗，为什么呢？

其实你是由于肌肉收缩才会发抖。毛囊稍一收缩，鸡皮疙瘩就起来了。英国人把鸡皮疙瘩叫"The creeps"，这种说法可追溯到17世纪。汗毛竖立起来的时候，皮肤就变得像褪了毛的鸡皮。只有不长毛的冷血动物不会起鸡皮疙瘩。实际上，这是一种"植物性神经反射"，是完全不由自主的。与此类似的还有皮肤变红或者变白、身体出汗、吞咽口水等现象。

皮肤上的汗毛颜色因人而异，金黄色的、红色的、棕色的，甚至有白色的……这不是重点。你仔细观察看一下胳膊上的汗毛，就会发现，在汗毛根部的皮肤下面隐隐约约有一个个小毛囊。其实每个毛囊四周交错分布着许多细小的神经末梢，组成立毛肌。立毛肌一收缩，毛发就会挺立起来，皮肤便会鼓起，鸡皮疙瘩就出现了！对于很多动物来说，这有利于产生热量、抵御外界寒冷。对于人类来说也是如此。

身体颤抖时不一定会起鸡皮疙瘩，只有肌肉收缩才会引起鸡皮疙瘩。这和夏日海滩上那引人注目的胸肌可不一样。鸡皮疙瘩是由于肌肉短暂的骤然收缩而引起的。通常，人们起鸡皮疙瘩的同时会发出充满寒意的"哆哆"声，似乎这种声音拥有神奇的力量，能够使皮肤变暖。其实，这个反应来自大脑，更确切地说是来自下丘脑。分布在全身的神经末梢一旦感觉到寒冷，大脑就会通知肌肉赶紧收缩，使毛发挺立起来。于是，皮肤看起来就像褪了毛的鸡皮！

为什么我们会打哈欠

老板在跟我谈话，他盯着我，想让我集中注意力，可是我只想打哈欠。如果可能的话，再伸个懒腰就更好了。我只想打哈欠，真是身不由己，无能为力啊。我只好默默转过头，偷偷打了个哈欠，但愿老板没发现。可是老板还是注意到我脸部痉挛，双眼潮湿。“我说的话很无聊吗？”我赶紧回答：“呃……没有没有！”

那么，我们真的能控制自己打哈欠吗？未必，哈欠一般控制不住。当然啦，它往往是在疲劳或者无聊的情况下才出现的。比如参加一个没完没了的会议时，或是面对一位总是喋喋不休地唠叨自己生活的朋友时，你就想打哈欠。然而糟糕的是，有时哈欠会引起误会。比如在岳父岳母家用餐时，或者同心仪已久的她促膝长谈时，虽然你无意冒犯，但还是不由自主地打了个哈欠。最终结果将会怎样？不得而知。

通常，一个哈欠能持续5—10秒，分为3步。深深地吸一口气，憋气1秒钟，然后快速地呼气。根据美国的一项调查，有23%的被调查对象每天打20多个哈欠。也太频繁了吧！难道山姆大叔家的孩子更容易感到疲倦吗？

从古希腊名医希波克拉底开始，打哈欠就被认为可以驱逐肺部的浊气，为大脑补充更多的氧气，还有助于退烧。事实证明这是错误的，人们吸入纯净的氧气和打哈欠时吸入正常的空气一样多。2007年，心理学家盖洛普兄弟提出打哈欠有助于促进血液循环和冷静大脑。总之，打哈欠并不会勾起睡意，反而还会帮助我们抵抗睡意。我们期待着这一理论能够得到证实。

然而总的来说，没有任何一种理论可以完美解释我们为什么打哈欠。

科学家为了探索原因，在实验室里养了成千上万只豚鼠。哈欠啊，你真是个难解之谜！

在尚无最终答案的情况下，哈欠也可以被解释为劳累、无聊，或者缺少睡眠而引起的颌部和颈部的肌肉紧张。神经系统能很快感知这些状态，然后通过多巴胺进行信息传递，促使身体分泌催产素，催产素再激活某种介质传递大脑信号至喉部、面部以及颌部的肌肉，从而引起了哈欠。

这么说来，多巴胺就是引发哈欠的必不可少的因素。帕金森症患者之所以几乎不打哈欠，就是由于产生多巴胺的神经元组织已经衰退了。

再回到原来的话题。你在心仪已久的她面前不合时宜地打了个哈欠，此举或许会令其心生不悦，那你一定要安抚一下对方。你可以向她解释，一个人在饿了的时候也是会打哈欠的，哈欠不过是身体发出的一个信号，提醒自己应该用餐了。

然后，你再告诉她，孕妇肚子里的宝宝也是会打哈欠的，胎儿3个月大的时候就开始会打哈欠了！如果她半信半疑，你就借口说自己患有癫痫病，这种神经系统疾病导致你每分钟打4次哈欠……你还可以做进一步解释，大部分脊椎动物都会打哈欠，如抹香鲸、老鼠和熊等等。不过，长颈鹿或者昆虫就不会打哈欠。

如果实在是别无他法，你就悄悄地指一下邻桌的客人，然后解释说那位先生从一开始就不停地打哈欠，惹得你也打哈欠，因为打哈欠会传染！常言道："一个人哈欠不断，一群人都受传染。"况且，你对他人的情绪十分敏感，所以别人打哈欠很容易传染给你。如果你富有同情心，你大脑里负责模仿的额叶就会刻不容缓地开始运作了。放心吧，我们每天打哈欠的次数会随着年龄增长越来越少。

但是，我们还是要努力克制，即使打哈欠不由自主，我们也不能太随心所欲，必须要学会自我控制。当你美滋滋地伸着懒腰，张着大嘴巴，打着哈欠，发出舒服的"啊——哈——"声音时，你可要当心了！小心嘴巴脱臼！这绝不是危言耸听。

当你解释完所有这些之后，如果对方还不打哈欠，那她一定是在强忍着！

98

纸质报纸会消失吗

咖啡—香烟—报纸三重奏早已深入人们的生活。从 2008 年 1 月 1 日开始，饭店和咖啡馆里禁止吸烟。不让吸烟，那就只能看报纸了，可是如果报纸也不让你看了，你会不会绝望？给你 1 分钟时间，想想在膝盖上翻阅大张报纸带来的乐趣，想想摊开的报纸散发出的味道，想想手握时事要闻的感觉。如果有人要剥夺这一切呢？那你肯定会抗议。然而，许多消息灵通人士都说报纸不久就要消失了，它将被网络和手机取代。这要归咎于 iphone 和众多类似的产品。

以前，电视机刚普及的时候，有人也曾说收音机即将消失。在法国，施瓦岑贝格在《谁想让法兰西日报消亡》中预言：2043 年将是纸质报纸的末日。他断定自己的预言一定会实现。报纸业受到冲击，只好减少页数，而人们则愈来愈喜欢在互联网上查找免费信息。随着读者和订阅量逐渐减少，报纸业的收入也在下降。在美国，一位媒体专家预言说，在未来的 20 年，只有四五种最有影响力的报纸能够生存下来。1960 年代的时候，《法兰西晚报》的发行量超过 100 万份。如今，没有任何一家付费报纸能够再拥有如此众多的忠实读者。至少在法国是这样的。但是在德国和英国，一份普通日报就能拥有超过 100 万的读者，而且有些日报的发行量竟然轻而易举便达到 200 万份。在日本，虽然信息新技术快速发展，但是日本国内竟然有两份报纸的日发行量位居全球榜首，其中，《读卖新闻》日发行量达 1200 万份，《朝日新闻》日发行量达 800 万份。

在法国，舆论一再批评说，到报刊亭买报纸的人愈来愈少，到互联网上获取信息的人却愈来愈多。然而时间长了，大家发现报纸并没有消亡。1980 年代和 1990 年代，《巴黎晨报》、《震旦报》、《巴黎日报》破产倒闭。的确，自从1973年《解放报》创刊以来，法国再也没有新的付费日报维持下来。与之相反的是，免费报纸日渐兴盛。每天早上，在巴黎大区快速铁路网或者地铁出口处，每天至少有4种报纸供行人免费取阅。由此可见，报纸业并没有消亡殆尽。尽管境况不佳，但还是存活了下来。由于广告的出现，报纸业也产生了一些新的营利模式。看来，广告并非一无是处。早餐时，你可以免费收听广播，晚上，你还可以免费收看电视新闻，除了向部分付费电视频道缴纳收视费以外，你不需再支付任何额外费用，这些都是广告的功劳。免费的报纸也是如此。

那么，报纸还会消亡吗？

另有一种预言是，报纸发展下去将进行改革和转型。如今，纸质报纸已经承载不了传媒业的未来。《费加罗报》、《二十分钟报》等报纸已经与传媒公司合作，《解放报》与《新观察家》分别与广播电台和电视台合作，BFM的经营范围包含广播电台、电视台，还有财经报纸《论坛报》。这种合作经营方式不仅营利渠道多样化，而且风险共同承担。另外，出版商会根据顾客的需求做出适当调整。由于现在的读者经常外出旅游、出差，并且经常用电脑办公，他们的空余时间越来越少，对高科技产品的需求越来越高。出版商意识到这一点，并很快做出调整。读者到了办公室就可以免费下载喜爱的报纸的PDF版本阅读。2007年末，《回声报》发行了电子报刊，下载一个小小的软件（最小仅174千字节），读者便可以极其轻松地阅读8000个页面。《世界报》也已发行电子版了。

但是纸质报纸依然有其不可替代的优势。总盯着小屏幕看电子版报纸，眼睛势必会疲劳不堪。我想还是会有很多读者乐意蜷进沙发，手捧报纸慢慢读来。我相信这一点，你呢？那咱们在报亭不见不散吧。

100

民意调查是如何进行的

“先生,可以耽误你一点儿时间做一份问卷调查吗?”几乎每个人都遇到过类似的请求,或是在上学的路上,或是去工作的途中,也有可能是周末晚上 7 点后接到的一个电话。如何答复这个问题很重要,如果你同意配合做调查,接下来将会有一连串的问题需要回答。如果我们当时很忙或是很累,便想断然拒绝。可是转念间又开始同情这位做问卷调查的学生,也许这将是他今天第 100 次遭到拒绝,并且可能会因此而拿不到奖金,于是便答应了对方请求。如果对方是一位女孩子,我们会更容易妥协。你可不要否认没有区别对待过。如果你在乘车途中被女生搭讪,那么有 90% 的可能对方是在不动声色地对你进行问卷调查,希望你不要中途下车而已。

搭车调查是一种新型调查方式,主要服务对象为企业,按照企业的要求设计调查问卷,平均每项调查收费 1000 欧元。企业通过调查问卷的结果来获知被调查人群的消费行为、消费需求动向等。比如消费者对洗涤剂的需求、对银行的看法或对议会选举候选人的评价,答案就在调查问卷中。调查机构能否仅靠政治民意测验存活下来?显然不能,只有 10% 的调查是纯政治性的。实际上,调查机构无法仅仅以此为生,而是要以大量的商业调查为主。但是,在选举期间,如果各调查机构针锋相对,那显然是为了凸显自身更专业,更有优势,预测结果更精准。

此外,调查问卷的设计将决定调查机构能否胜出。“你是否认为萨科奇①有些夸夸其谈?","你如何看待昨晚电视中罗亚尔②的表现?"答案选项为"精彩"、"较好"、"一般"、"很差"。当然,回答这个问题的前提是已经看过了这期节目。近几年来,这种类型的政治问卷呈增多趋势。民意调查委员会(负责监督各调查机构是否遵守相关法律)曾作出统计,在1981年密特朗参加法国总统选举期间,相关调查问卷仅111种,而在2007年法国总统选举的期间,调查问卷的数量增加了将近两倍,准确地说多达293种。事实上,调查机构在采集完信息之后并不能随意处置。例如,2002年以前,按照法律规定,在第一轮或第二轮选举前24个小时内,法国任何一家报刊机构都无权发表民意调查结果,以防"影响选举的真实性"。自2002年开始,这一禁令的期限被调整为选举前一周。但是随着网络时代的到来,这一禁令变成一纸空文了。比利时和瑞士的报纸竞相公布相关民意调查结果。真是欲盖弥彰啊!还有互联网上公布的民意调查结果,它们也都来自国外。于是,正如密特朗所说,"不爱赶潮流"的法国人也开始纷纷到互联网上获取信息,以预测选举结果。另一方面,在大选投票最终结果揭晓前的20个小时内,法国任何一家媒体都不能发布预测投票率的民意调查结果,因为有些投票站的投票工作还没结束。但是,在2007年5月的总统大选期间,瑞士、比利时以及加拿大等国的网站根本无须遵守该项规定,提前公布了民意调查结果,大大地涮了法国人一把。

民意调查并非仅仅是一连串问题,也不单单是在方框里划勾。对于各种类型的民意调查,调查机构一般借助两种方法来获得调查结果:第一种是概率计算。调查机构随机选择一些民众(有可能是你或你周围的任何一人)进行调查,这些人的答案便代表了整个国家的民意。为避免样本单一,调查机构会调查不同地域的人群,然后才能进行分析。

---

① 萨科奇,前法国总统,任期2007.5—2012.5。——译者

② 罗亚尔,2007年法国总统大选时进入第二轮竞选的法国社会党女候选人。——译者

第二种调查方式是基于年龄、性别、职业或所属的社会阶层选择调查对象。这种情况对于调查员和被调查人来说都有些复杂。不过,没被选中的人可能会问:“为什么调查员不过来问我呢？是因为我的领带或者裙子很难看么?”还有前面提到过的电话调查,就更复杂了。总之,可以肯定的是,大多数的民调并不是调查员在咖啡馆或饭馆亲自完成的。

如何才能保证调查结果客观真实呢？这需要调查员改变提问方式,让被调查人完全理解问题并在愉快的气氛中接受调查。

如今,网络民调的优势越来越突出。有一家名为“舆论之路”的调查机构专门从事在线调查。这种调查方式具有速度快、可靠性高的特点。因为近几年来研究发现,近50%的人都无法接受调查,因为他们有的只用手机,没有固定电话,有的则经常不在家,调查员向他们家中致电的时候,无人接听。《鸭鸣报》对此评论道:“接受民调的法国人均为固定电话用户,年龄超过34岁,属于生活在大都市里的上等阶层。”既然一半的法国人都会与调查员失之交臂,那么调查机构频频出错的情况也就不难解释了。例如2002年的总统竞选,伊弗普民意调查所、特恩斯市场研究中心、法国民意调查局和BVA民调所4家大型调查机构都没有预测到勒庞①会在4月21日的第一轮竞选中胜出,与希拉克一起进入第二轮竞选角逐总统宝座。而当时所有的民意调查,包括选举前一周所进行的调查,均预测在第二轮竞选中与希拉克对决的将会是若斯潘。

有时候,问题也可能出在被调查者身上。通过电话询问一个陌生人下次选举将会支持民族阵线还是革命共产主义联盟,这绝非易事。调查员进行问卷调查,希望被调查人就某一问题表达自己的观点,但如果被调查人对该问题尚无明确认识,那么调查结果本身就不可信。另外,如果被调查人觉得问卷太长,心生厌烦,注意力就会分散,回答问题就会草草了事。

因此,统计员必须修正搜集到的信息。比如,预测选举结果时,他们会

---

① 勒庞,当时极右派政党法国民族阵线的领导人。——译者

考虑到投票意向和实际投票之间的误差。最终，调查的数据与真实的结果或多或少都有些误差。

各种政策如 DNA 检测、移民限额、物价上涨等，也在影响民众的意向，而且影响的程度非常大。法国总统或总统竞选者若想知道自己的新举措是否受拥护，就需要以最具代表性的法国人为样本进行民意调查。

总之，无论是酸奶制品的成分标准，还是未来社会党领袖佩戴的领带，都在民意调查范围之内。民主万岁！

我们为什么会流鼻涕

寒流来袭,鼻子像个泉眼似地不停向外淌出鼻涕。几包纸巾很快就被用光,鼻头也被弄得红通通,像个小丑。为什么每次感冒都会这样?贝尔热拉克①的宝贝鼻头若是被如此虐待,它可就要抗议了。

为什么鼻涕这么多?鼻腔就像阿里巴巴的藏宝洞,里面藏着好多东西,尤其是在冬季。只不过鼻腔里面藏的可不是什么宝贝。

导致鼻涕增多的原因有很多。有时是因为鼻孔里的细菌。细菌本来在鼻孔里面安安静静,可是一旦受到寒流刺激,便开始"兴风作浪"起来,鼻涕便增多。这时我们得的是细菌性感冒。鼻涕增多还有可能是因为空气中的病毒向鼻子发起了进攻,病毒趁你不备袭击了你的鼻子。病毒有可能来自你身边感冒的同事,也可能来自地铁上的其他乘客。这就是常说的病毒性感冒。一旦患上病毒性感冒,你就没必要让医生开抗生素了,因为抗生素对病毒性感冒毫无作用。

不论得的是细菌性感冒,还是病毒性感冒,鼻子都不可能像正常状态那样工作,也就无法辨认出3000种气味了。而在平时,鼻子会准确无误地辨别出这些气味。如果眉棱骨下方覆盖着鼻窦的黏膜也在此时搅合进来,那简直就是雪上加霜。一旦鼻黏膜发炎,鼻窦和鼻腔之间的狭窄通道就被阻塞,呼吸的大门就被关上了。鼻窦就被感染了,这就是我们通常所说的鼻窦炎。鼻子无法呼吸会影响很多事情,例如瑜伽练不成了,高音发不出来了。不过还好,至少鼻子不再流鼻涕了!可是接下来的事情更糟糕,患者会耳鸣,并伴有剧烈的头痛。唉呀,赶紧治疗鼻窦炎,让鼻子通气吧!

---

① 贝尔热拉克,法国电影《大鼻子情圣》中的主人公。——译者

成年人鼻涕增多通常是由于以上原因。而儿童流鼻涕则还有特殊的原因。确切地说,流鼻涕是儿童身体成长必经的过程。婴儿刚出生时,体内只有来自妈妈的抗体。婴儿长到4—8个月,体内来自妈妈的抗体逐渐消失,开始形成自身的抗体。婴儿自身抗体的形成离不开感冒。如此说来,我们还要向感冒"致谢",正是因为它,婴儿身体内的扁桃体和增殖体的免疫力才能逐渐提高。所以,婴儿流鼻涕是一件好事儿,妈妈们无须为此焦虑不安,6个月到7岁大的儿童流鼻涕很常见。

感冒期间经常会有鼻子阻塞的症状,这时,是应该使劲吸鼻子,还是擤鼻涕?你肯定不止一次想过这个问题。毫无疑问,当然是把鼻涕擤出来!要知道,手绢可不只是用来招唤情郎的。

人会死而复生吗

《圣经》告诉我们,复活节是庆祝基督复活的节日。

在我们身边,与复活有关的故事也比比皆是。例如,掉入冰窟窿的溺水者奇迹般生还,心跳停止者神奇复活等。

这些事件究竟是虚构的,还是奇迹? 是谣传还是事实? 当然,基督复活从未被科学证实,不论你相信与否,它只是基督教的一个教理。但是,有些人却是的的确确在科学的意义上复活了,医学上称之为“心肺复苏”。心肺复苏指的是经历心脏骤停并伴随着呼吸停止之后,人体又恢复正常生命活动的现象。

法国鲁昂大学医学中心已经在该领域研发出一项新技术:出现紧急情况时,救护人员先对病人进行心脏按摩,然后给病人注射2升冷却血清,以降低病人体温,使其保持在32℃左右。被送到医院后,病人马上由一种仪器进行监测,仪器能够调整病人的呼吸功能以及心脏功能,使病人体温保持在低温状态,这样能保证体内的血液循环,尤其是确保大脑供血充足。病人此时处于深度昏迷状态,没有任何疼痛感,新陈代谢变慢。这些都构成了身体机能复原的理想条件。这项技术也是一种大胆的尝试。以往的紧急施救多是采用技术手段强行复原人体机能,病人可能会由于脑部充血而留下后遗症。冷血清的使用便有效避免了这一弊端。这项技术给人类带来了福音,心跳和呼吸骤停的病人的存活概率大大提高,从2%提高到了35%。所以这并不是简单地强迫病人复苏,而是创造合适的环境令病人自行复苏。

“似曾相识”的感觉从何而来

和陌生人“似曾相识”的感觉往往令人觉得奇怪。科学家们称这种现象为“记忆倒错”(paramnésie)。“para”在希腊语中的意思是“额外的”,“mnésie”的意思为“记忆”。这种不安的感觉来自于大脑深处的某个印象,可能是曾经亲眼看到过、亲身经历过的某个画面、某种行为或是某种生活场景。我们不禁心生疑问,难道是因为我们的记忆?如果是,那么是在何时何地发生的事情呢?遇到的是何人呢?

早在1815年,司各特①在其作品中就对此类现象有过描述。1876年,布瓦拉克在《精神科学的未来》一书中提出了“似曾相识(déjà vu)”这一词语。为什么“似曾相识”的感觉让人焦虑不安?因为这很容易令人怀疑自己的精神状况出了问题。

对该现象的解释也是众说纷纭,难以统一。

第一种为有神论的解释,与灵魂转世有关,也就是所谓的“轮回”。但是,这种说法根本站不住脚,因为似曾相识的感觉会出现在我们日常生活的各种场景中,例如车上、飞机上、电话里或其他现代设施,而有些东西在前世根本不存在。

另一种解释与梦境有关。似曾相识来自于对先兆梦境的回忆再现。例如,你一心想和心上人去野餐,有时还梦到野餐时温馨的画面。当你和心上人真的在一起野餐时,你就会觉得眼前的一幕似乎在哪里见过。那是因为你多次想象野餐场景的缘故,只不过你自己没有意识到而已。

如今,还有一种比较流行的解释,认为是大脑记忆系统出现了小差错。

---

① 司各特(1771—1832),苏格兰作家、诗人。——译者

事实上,记忆可以分为不同种类。瞬间记忆,也被称作工作记忆,能够帮助我们立刻记住一个急需拨打的电话号码。可是,电话打完之后,电话号码也被抛到了脑后。长时记忆为我们记录下难忘的记忆(如和心上人野餐的情景),并永久保存。如果大脑记忆系统在记录这一幕时出现了差错,部分长时记忆就变成了瞬间记忆。这就好像你在观看足球比赛或电视新闻录像时,电话铃响起,你按下暂停键,打完电话,你又按下播放键,画面继续,此时你的大脑分不清究竟是长时记忆还是瞬间记忆。这时候的感觉就是"似曾相识"。

有一件事不容忽视。15—25 岁这个年龄段的年轻人最容易有这种似曾相识的感觉。虽然记忆和大脑在这个年龄段已经发育成熟,但是还需要做最后的调整。如果你已经超过 25 岁,那你可要好好想想了,最后一次"似曾相识"的感觉大概是在多久之前。

血型可以改变吗

很多人特别害怕抽血。如今,房地产价格一路飙升,不少人贷款购房,有人不堪重负,突然病倒,被送往医院。在医院做完10项检查后还要到化验室抽血。当然,对于采血员来说,抽20毫升的血实在是小事一桩,而有些人则惧怕抽血,感觉这是一场漫长的煎熬。那怎样才能令抽血的过程不再痛苦呢?我可以向你保证,这一愿望的实现已经指日可待了。传统的采血方式是用针头刺穿皮肤抽取,据说这种方式将被一种吸气抽血方法取代。应该不用等太久了。据相关人士透露,该项技术有望在21世纪的第一个10年期间实现。可是第一个10年过去了,采血方式还是没变。

采完一管血不一会儿,采血员又抽了患者一管血,并解释说是为了确定血型。我们明明知道自己的血型,可是为什么还要重新确定?因为必须建立血型信息卡,才能保证血型准确无误。如果你的血型信息卡上信息不完整,就必须重新采血再次确认。如果你的血型卡信息不是最新的,缺失一些"主要"信息,也要重新确定。这事没得商量,且不说你的胳膊上要多添几个针眼,你的医保卡还要被多划几遍。

"护士,我保证我是A型阴性血!"无效,必须重新采血检测。"唉哟!唉哟!"有时候甚至要采血两次才能检测出结果。因为,有时候第一次采集的血不理想,必须再采一次,在另一个胳膊上再抽一遍。为了确保血型信息无误,医护人员会采两次血,称作"双重把关"。

如果一个人出生时的血型为A型阴性,就永远是A型阴性,终生不变。医生经常检测患者是O型阳性还是A型阴性,并不是为了观察患者血型是否改变,而是因为一旦患者需要输血,必须确保输送的血液血型无误。不要责怪医生多此一举。例如交通事故伤者急需输血,护士在他身上找到了血型卡，但出于谨慎，还是会重新检测血型，因为血型卡有可能不是伤员本人的。如果输错了血，后果将不堪设想。

不久前出现了一个特例，打破了血型不变的说法。澳大利亚悉尼儿童医院的医护人员透露，2008 年初，有一名 9 岁的小女孩迪米在肝脏移植手术后，血型发生了改变。肝脏捐赠者是 O 型阳性血，而迪米是 O 型阴性血，最后捐赠者的血液战胜了迪米自身的免疫系统，改变了迪米的血型。迪米现在已经 15 岁了，并且健康状况十分良好。

当然这只是特殊情况，人的血型是不可能自行发生改变的。不过在特殊的条件下，如器官移植等。从科学的角度看，血型的改变已经成为可能。这也是研究人员关注的课题，因为这一课题有助于推进一些疑难病症的治疗研究。至于抽血的疼痛，“唉哟！”我们还是忍一忍吧。

为什么早晨喝咖啡可以提神

叮铃铃……闹钟发出刺耳的铃声。你睡眼惺忪地爬起床，喝杯咖啡提提神，这在你已经是习惯。不喝咖啡这种神奇的饮品，你就会无精打采，什么也不想做。为什么呢？这都是咖啡因的作用！

首先，咖啡因是咖啡的主要成分（茶和可乐里也含有咖啡因），咖啡已经有10多个世纪的历史了。早在8世纪，阿拉伯的摩卡咖啡便被作为一种药物使用。16世纪时，咖啡成为土耳其人的日常饮品。到了17世纪时，咖啡成为凡尔赛宫廷里极受欢迎的珍贵饮品。

咖啡因是一种兴奋剂，服用几分钟后，心脏跳动频率就会加快。心跳加速就会导致血液流动加快，为大脑供应更多的新鲜血液。因此，咖啡因可以提神，可以提高大脑的思考能力。另外，咖啡因还能够阻碍腺苷与受体结合（下次可以在咖啡机里放些腺苷试一试）。腺苷同苯丙胺一样，可以调整大脑细胞的活动，提高大脑多巴胺的水平，促进睡眠。

一杯稀释咖啡中含有80—130毫克的咖啡因，一杯浓缩咖啡中的咖啡因含量是100—130毫克，而一粒兴奋丸剂里含有200毫克咖啡因。因此咖啡并不仅仅是一种休闲饮料，还是一种兴奋剂！服用过量咖啡因会产生副作用，例如失眠，神经受到刺激而过度兴奋，甚至会引起皮肤发红，促进排尿，还会引起胃肠紊乱。

与酒精产生的副作用不同的是，咖啡因的副作用持续时间短，不会影响大脑的活动和注意力的集中，所以不必过于担心。但是，长期过量饮用咖啡会使人产生依赖。

假如你的同事喜欢聚在咖啡机旁，他们并不只是想要聊天而已，而是他们早已离不开咖啡。有的人每天要喝下十几杯咖啡。但是每天饮用这么多咖啡会导致血压升高,头部明显不适。腺苷受体在咖啡因的刺激下必然增多,对腺苷的需求增加。同时,对咖啡的依赖会引起体内多巴胺缺乏,人体就会产生沮丧消极的情绪,大脑功能也明显下降。

不过,咖啡因的益处也不容忽视。有研究表明,规律且理性地摄入咖啡因能够降低患帕金森病的概率。还有研究表明,咖啡因对早产儿的呼吸功能有益。也许有一天咖啡就会出现在婴儿的奶瓶里。

为什么胶水有黏合功能

这个问题乍一看很简单，可是，仔细一想却并不那么简单。甚至可以说是一个真正的难题(colle)①!

不论是胶水还是强力胶，若要把两种物体完全黏合，需要一种相互作用力，也就是"范德华力"。分子之间靠得足够近时，就会产生范德华力。而胶水便是让它们彼此靠近的媒介。但是，无论哪种数学运算都表明，单纯的范德华力并不能产生超级强力胶的黏合功能。胶水究竟如何黏合物体？数学计算得出的黏合力只是实际黏合力的万分之一！科学家也很难解释其中缘由。也就是说，我们每天使用的胶水并不是深奥的数学计算的结果，而是观察力超强的化学系学生不经意间发明的。百事贴就是这样发明出来的。3M公司的一位研究人员本来想研制一种超级强力胶水，可是事与愿违，研制出的胶水黏合力差，但有一点与其他溶剂型胶水不同，这种胶水暴露在空气中时不会变干或者只是轻微变干，因此可以反复使用。这种胶水的研制配方被遗忘了很久才被重新采纳，用作诗集的书签，百事贴从此诞生。

让我们重新回到胶水和范德华力的话题上。研究人员多次研究之后得出结论，两个物体黏合在一起不是范德华力的作用，而是要得益于夹在两个物体之间的无数泡泡。这一点可以通过一项实验来证明，从玻璃或练习本上撕掉自粘标签时，标签有可能被完全撕掉，也有可能会有残留。大大小小的泡泡就像千百万个吸盘，正是它们在抵抗着剥离的力量。但是，如果继续用力，小泡泡就会破裂，标签就会被撕开，但是底层的胶合部分还

---

① 法语中，colle既有胶水的意思，也有难题的意思。这里是一语双关。——译者

未脱落。再用力撕,大泡泡也破裂了。最后,标签完全被剥离开来。

说到底,这是一个由气泡引发的谜案。

阿司匹林如何治头痛

全球每年售出的阿司匹林达1200亿片,是全世界销量最大的产品之一。1853年,年轻的法国化学家热拉尔研发出一种特殊的药品——乙酰水杨酸,也就是阿司匹林(实际上,在19世纪时,有不少人研制出了这一药物,但第一个申请此项专利的人是热拉尔)。它几乎被用于治疗所有疾病,研究人员几乎每天都能发现它的新用途。阿司匹林的竞争对手扑热息痛同样具有止痛和退烧的功效,却没有消炎的作用,也不会对胃产生副作用。而大剂量的阿司匹林会导致胃肠功能紊乱,扑热息痛则对肝脏有副作用。

未服用阿司匹林之前,患者会觉得疼痛难以忍受。对于各类疼痛,如头痛、被门挤了的手指痛,早晨起床后的背痛,阿司匹林能够直达疼痛处的神经,并将其麻痹,因此用处十分广泛。简单的说法是,阿司匹林能够抑制受伤部位的前列腺素的合成,因为前列腺素通过刺激神经末梢,使受伤部位的疼痛信号传向大脑,人体就会感觉到疼痛和不适。实际上,乙酰水杨酸并不是在大脑里拦截疼痛信号,而是直接阻止疼痛信号产生,即抑制前列腺素的合成,从而达到止痛的效果。

当然,服用阿司匹林或者扑热息痛并非对所有疼痛都见效。如果患处异常疼痛,阿司匹林就无法阻止前列腺素的合成。此时,请勿加大阿司匹林或者扑热息痛的剂量,按照药物说明书,最多每4—6小时服用1克,否则阿司匹林就会变成毒药。服用过量扑热息痛的后果会更加严重。用药过量的情况十分常见,这会导致严重的副作用,有时甚至会致死。

不过,若想快速止疼,就来一片阿司匹林吧,这种神奇的药物会在20分钟之内发挥作用。

为什么节食减肥会反弹

这个问题恐怕会引起众怒，尤其是那些女性杂志，它们每年有4—6个月的时间都在谈论最为流行的节食方法以及神奇的效果。杂志因此而畅销。一些大药房在以天价销售凤梨浓缩胶囊或者其他神奇的减肥药物，其实它们有时候只不过是安慰剂而已。然而往往有很多人将全部希望都寄托在节食减肥上，最终则常常以失望沮丧而告终。

节食，尤其是反复节食必然会产生一定的副作用，除非自控能力超强，能够严格遵守规定，并且能够承受由此而引发的心理和社会压力，否则，人体在减掉一定的重量后必定会反弹。

为什么会这样呢？我们继续上面的话题。有些人遵照营养师制定的节食减肥方法，的确使体重减少了3—5千克甚至更多，减肥效果似乎很令人满意。其实，由于节食，身体组织会将脂肪转化成碳水化合物，为糖原提供营养，糖原再释放葡萄糖为身体提供能量，从而达到减肥的目的。中学会考的时候，我的自然科学选修课考了18分，没想到当时学到的知识现在有了用武之地。

减肥进展顺利，腰带又缩进了一孔，朋友们都说："哇，你瘦了！"节食确实见效！

不过，切莫高兴得太早。几天之后，身体便会发出缺乏碳水化合物的信号。大脑早已习惯于节食的各种限制，甚至连空气的摄入也十分有限，此时只能向机体发出信号，寻找碳水化合物，然后，机体会慢慢吸收肌肉里的营养，并将其转移给糖原。这个转移过程会令人感觉十分疲劳，节食减肥者会变得爱发脾气。其实，在节食减肥的各项严格要求下，进食对于减肥者而言已经毫无乐趣可言，而是一种煎熬。眼看着别人在享用美食，而自己却只能克制，落差感便由此产生。紧接着第二种落差便是反弹的苦恼。大脑会想："太好了，我要多储备一些碳水化合物，以备不时之需。"于是，几周以前还很结实的肌肉，很快就会变成脂肪。

由此可见，任何节食减肥方法均逃脱不了失败的命运，毕竟节食不能彻底改善体质，因为改善体质首先需要大量运动以避免肌肉转化为脂肪。如果减肥仅仅是出于形象的考虑而不是出于身体健康原因，那就放弃吧。接受自己的形象，这才是最健康、最实际、最省钱的办法！

第五部分

南腔北调大杂烩

一种语言什么时候会宣告灭亡

奥林匹克运动会每4年举行一次,周而复始。奥林匹克运动会举办期间,使用的最多的语言是英语(国际语言)和法语(外交语言,同时也是现代奥林匹克之父顾拜旦的语言)。当然,还有希腊语,以表达对奥运会起源地的尊敬。在奥林匹亚,在每一届奥林匹克运动会的圣火都会重新燃起的地方,大型扩音设备里传来希腊体育部长热情洋溢的声音,九泉之下的光荣祖先们听到后肯定也会激动得颤抖。没错,但问题是,他们也只能颤抖,因为他们对于演讲的内容全然不知。为什么呢?因为现代希腊语同苏格拉底和柏拉图时代讲的语言大相径庭。

生活在公元前5世纪的苏格拉底讲的是古希腊语,在此之前的希腊人讲的是迈锡尼语,在他之后的希腊人则讲古希腊共通语。从公元前300年到公元后300年间,语言简单化。中世纪的时候,希腊人当然是说中世纪希腊语。最后,确切地说,从1453年开始,现代希腊语成为了所有希腊人的共同语,其中夹杂着诸多方言。结果是,对于今天的希腊人而言,要弄懂一篇古希腊文基本上是不可能的,若是有人讲古希腊语,别人恐怕是听不懂的。你觉得惊讶吗?其实不难理解,现代法国人也很难能看得懂11世纪用古法语写成的《罗兰之歌》。

拉丁语已经逝去并且入土为安了。真的吗?我们还不能妄下断言!语言学家们一致认为拉丁语一直在罗曼语中延续着生命,因为罗曼语是直接由拉丁语发展而来的。此外,一种语言,如果因为再没有人使用它,就说它灭亡了,那就大错特错了。罗马的天主教教堂经常使用拉丁语作为官方语言。有些大学还提倡用拉丁语进行论文答辩。而科学家们会用拉丁语来命名他们的发现,通常是给昆虫命名,或者用来命名某一个概念。实际上，近两个世纪以来，"现代拉丁语"中出现了60 000多个新词或者短语，比如说，拉丁语中的"vis romana"是罗马帝国之意，这就给人们以启发，用"vis atomica"来指代核大国。

不过还是《圣经》里说得好，入土为安的逝者亦能起死回生！希伯来语正是这样。这种几千年来的纯礼拜仪式语曾一度被阿拉米语（基督教语言）替代，但是在19世纪时，由于犹太复国主义运动而重新成为交际用的语言，乃至成为一个年轻国家的官方语言，这个国家就是以色列！

为什么“摸木头”

周五的晚上，路上总堵车，周末前夜一贯如此。真是令人恼火，摸摸木头吧，但愿周末阳光明媚。

摸摸木头，但愿周末晚上的回家路上不会堵车，但愿明媚的阳光如约而至。

摸摸木头，但愿在路上超速行驶时不要遇到流动测速的交警。摸摸木头吧，但愿路上不会发生交通事故。

你可能会问，到哪儿去找木头呢？很简单，答案就在你车内。如果你驾驶的是一辆动力很强的汽车，或者是中高档汽车，不仅车身外观豪华，更重要的是车内饰有轮纹胡桃木。雷诺公司推出的洛根轿车内部的胡桃木饰尤为坚硬，因此不难理解为何2007年洛根轿车在法国的销售量高达4万辆，比雷诺公司预计的要多出3倍。当然我们现在要讨论的并不是这个问题，而是“摸木头”的问题。不管我们摸的是珍贵木头还是普通木头，都希望能招来好运气，可是为什么“摸木头”会带来好运呢？

说来话长，这比“吸引眼球”这句网球场用语还要久远。（“吸引眼球”的来历在前面的章节“为什么网球比赛的计分是15、30和40”中已提到。）“摸木头”的说法要追溯到法国人的祖先高卢人那里。高卢人从罗马人那里沿袭了摸木头招好运的习惯。而罗马人又深受希腊人影响，“摸木头”自然也不例外。众所周知，希腊人相信神住在天上，这件事情本身无从考证。但是与其他文明传统的多神论或是一神论的民族不同，希腊人相信有些事物，尤其是闪电和雷，是众神之神宙斯在发怒。那么这一切与木头又有什么关系呢？希腊人发现宙斯发怒时就有电闪雷鸣劈向橡树。原因很简单，橡树通常比其他树木更高大更粗壮，因此更容易成为雷电攻击的目标。闪电来自云层，它会选择一条最短的路径从云朵到达大地释放自身的能量。地面上如果没有高压电缆铁塔，大树可就要遭殃了，而橡树往往是首当其冲。可是为什么要“摸木头”呢？这完全是因为我们的朋友希腊人不了解雷电是如何到达地面的，更不清楚橡树其实是雷电的终点站，他们还以为雷电是从橡树里钻出来的，认为橡树是众神在凡间的居所。希腊人认为摸橡树能够安抚暴躁的神，取悦于神。后来，橡树在高卢人那里变成了圣树，地位堪比帕诺哈米科斯①和祭司们一起采摘的槲寄生②。

当然啦，还有其他的解释。古波斯人和埃及人也有“摸木头”的习惯。波斯人信仰琐罗亚斯德教，他们认为“摸木头”会得到火神阿塔的神力庇佑。这一点和希腊人有些相似。而埃及人则认为木头散发的磁场能庇佑生灵，带来吉祥。

在中世纪，基督教徒“摸木头”是为了纪念被钉在十字架上的耶稣。“摸木头”就像是一种无声的祈祷。要注意的是，在大多数语言中都有类似“摸木头”的表达方式。比如在美国、希腊、德国和塞尔维亚都说“敲木头”，其中有意思的是德国人说“敲木头”时通常要连敲3次。然而奇怪的是，尽管意大利人是罗马文明的直接继承者，他们却说“摸摸铁”。

数个世纪已经过去，“摸木头”的传统传承至今，只是其最初的源头已不得而知。

摸摸木头吧，让这个传统再延续几个世纪。

---

① 帕诺哈米科斯，法国漫画《高卢英雄传》里的人物，村里的祭司，神奇药水的制造者，喝了神奇药水的人力大无穷。——译者

② 槲寄生，高大的槲树是凯尔特人天神的神像，被尊为圣树。凯尔特人的宗教祭祀仪式十分隐秘，往往选择在夜阑人静、满月高悬之际。仪式的举行地点多在一片被称作“圣所”的小树林中或林间空地。祭司身着素服，以金镰割取槲寄生枝条，并在圣树下举行两头白牛的牺牲祭祀。——译者

为什么有的文字从右向左写

有的语言文字从左向右书写，有的却从右向左书写，有的从上向下书写，有的则从下向上书写，有的在书写过程中还会更换方向，这是为什么呢？

5000年以前，确切地说是公元前3300年，在美索不达米亚流域发生了人类历史上的一个重大事件。人类开始书写！但是随着文字在世界各地传播开来，书写方式变得越来越多样化。有些人从左向右书写，比如说欧洲人和印度人（有人会说这样的书写方向更符合逻辑，可以避免墨水弄脏手和纸张）。还有一些人从右向左书写，比如阿拉伯人和古波斯人（以及《圣经·旧约》的多数编写者）。有的则从上向下书写，比如日本人、中国人和蒙古人。有的则是从下向上书写，比如阿兹特克人。为什么会出现不同的书写方向？其实，书写方向的选择纯属偶然。恐怕你要对这个答案感到失望了。作家和符号学家巴特对这一现象的解释是："这个谜应该与我们人体自身的构造有关，除此之外不会再有其他原因。"

最有趣的是，在很长一段时期内，文字的书写方式都没有统一。人类数个世纪以来一直在探索书写的合适方向。比如希腊人最初的时候是从右向左书写，这个习惯一直延续到公元前5世纪。之后，他们采用牛耕式书写法，也就是说一行从左写到右，一行从右写到左，逐行交替。这种书写方法就像我们用刈草机修剪花园的草坪时，在浓密的草地上划出的一道道印迹。不过牛耕式书写法最终为从左向右的书写做了一个很好的铺垫。事实上，从左向右写字更符合自然规律，手书写起来会更方便。荷马的老师颇那彼德是古希腊最负盛名的诗人，也有可能是《伊利亚特》和《奥德赛》的作者，他习惯从左向右书写。正是由于这两部诗篇的影响，在公元前900

年左右,自左向右的书写方式最终得到了确认。如今看起来理所当然的事情,在当时却并非如此。

还有更令人惊奇的事情。复活节岛①上的朗戈－朗戈羊皮纸上的文字用的也是牛耕式书写法,但却是相反的方向！第一行是从左往右书写的,然后把羊皮纸翻转180度,第二行还是从左往右书写,依此类推。重要的一点是,假如没有罗塞塔石碑②,岛上建筑遗迹上的文字便难以破译。

还有一点,是关于写字与思想和语言之间关系的探索。在埃及,誊写人习惯于从右向左书写。无论象形文字是沿竖直方向,从上向下书写;还是沿水平方向,从右向左或者从左向右书写,均能传达书写者的意思。

还有一种解释也能够说明问题,随着《伊利亚特》和《奥德赛》两部诗篇的流传,人们习惯于阅读时头部从左向右移动,这也决定了后来的书写方向。所以从左向右的书写方向最终是受了希腊人影响。

在中国,符号的演变也是历经周折。古汉字从上向下书写,而如今的汉字则是从左往右书写。不过,在中国香港和台湾地区,报纸上除了有些标题是横向排版的,文章大多还是竖向排版。这些报刊的电脑版面设计师肯定没少费脑筋。你不要惊讶,还有更奇怪的事情,在中国香港或马来西亚和新加坡的唐人街,你会发现商店的名字是从右往左书写的。

西方人的书写方向反而更好理解。由于受到拉丁语的影响,西方人写字是从左向右。孩子们再也不会手上沾满墨水、脏兮兮地从学校回家了。

---

① 复活节岛是南太平洋中的一个岛屿,当地的语言称拉帕努伊岛,位于智利以西外海3000千米外。——译注

② 罗塞塔石碑(也译作罗塞达碑),高1.14米,宽0.73米,制作于公元前196年,刻有古埃及国王托勒密五世登基的诏书。石碑上用希腊文字、古埃及文字和当时的通俗体文字刻了同样的内容,这使得近代的考古学家得以有机会对照各语言版本的内容后,解读出已经失传千余年的埃及象形文字的意义与结构,而成为今日研究古埃及历史的重要里程碑。罗塞塔石碑最早是在1799年时由一名法军上尉在一个埃及港湾城市罗塞塔发现,但在英法两国的战争中辗转到英国手中,自1802年起保存于大英博物馆中并公开展示。——译注

最后，至于左撇子怎么写字，在此我们就不详谈这个问题了。他们大多数写字的时候手有点向上歪，但令人吃惊的是，有些左撇子写的字竟然出奇地漂亮。

大都市与大都市带的区别是什么

乍一看,大都市与大都市带实在是像极了。城市规模不相上下,摩天大楼林立如织,人流如潮,熙来攘往。但是对地理多少有些了解的人都知道,大都市指的是人口超过1000万的大型城市,该标准由联合国制定。大都市带则是多个大型城市的综合体,各大城市之间的交通和通讯密切连接,交通运输网和通讯网络看起来就像是一条四处伸展触角的章鱼。简而言之,大都市不断向外扩张,导致相邻城市的郊区互相重合,便形成了大都市带。例如拥有1300万人口的莫斯科是一个大都市,但是因为莫斯科城没有同任何其他大城市密切连接,便不能被称作大都市带。明白了吗?国际货币基金组织的报告中便是这样写的。麻烦的是,《拉鲁斯词典》认为,"大都市(mégapole)"和"大都市带(mégalopole)"两者皆可以用来指大城市及其周边地区。而《小罗贝尔词典》则强调"mégapole"不能取代"mégalopole"。为了便于记忆,你只需要记住"mégalopole"这个单词本身更长,因此它所代表的范围比"mégapole"更大。

说到大都市带,你可能首先想到的就是亚洲的一些城市。错啦!最大的大都市带位于欧洲,也就是著名的"蓝香蕉"都市带(因为从卫星上看,该都市带是香蕉的形状,蓝色则是欧盟旗帜的颜色,代表欧洲)。"蓝香蕉"都市带长1500千米,人口数量达7000万。但是,"蓝香蕉"都市带不包括巴黎,巴黎仅仅位于"蓝香蕉"都市带的边缘。"蓝香蕉"的范围从伦敦到米兰,中间连接着比利时、荷兰、卢森堡和德国的鲁尔。"蓝香蕉"都市带上的各大都市连成一片,中间几乎没有断点。

日本的大都市带长度位居世界第二,拥有1亿多人口,占全国人口的80%,这个数据令人咋舌吧!从1980年代开始,从东京到北九州市沿线的各大城市便合并成一片,自东向西绵延1000千米。

另外一个大都市带,"波士华"都市带,虽然规模排名世界第三,但却是早于上述两个大都市带出现,在1961年就已经得到国际认可。"波士华"都市带位于美国东北部沿海地区,连接着波士顿和华盛顿两大都市,长达800多千米。

另外还有一些大都市带正处于建设中,美国的圣弗朗西斯科(旧金山)和圣迭戈之间的都市带叫做"圣圣"。在一部美国科幻影片中,施瓦辛格扮演洛杉矶警局的一名特警,影片中提到了未来将产生一个大都市带贯通圣弗朗西斯科和洛杉矶。在巴西,里约热内卢和圣保罗之间的沿海大都市带也已经初具规模。

这些大都市带正在不断蔓延、合并,蚕食越来越多的土地(要注意,大都市带本质上是几个大都市组成的大城市连绵区)。据联合国预测,到2008年,城镇人口数将超过农村人口数,到2030年,城市人口将占世界总人口的三分之二。

如果所有国家的大都市带都连在一起,结果将会怎样?地理学家多尔菲斯断言,那将是一个类似群岛的全球性的大都市群。他说:"城市的合并具有蔓延至全球的趋势。"

呃,多么令人胆战心惊啊!另外,大都市带还是科幻小说中常用的题材。还记得电影《星球大战》中有个昼夜灯火通明的城市化了的科洛桑星球①吗?好啦,你自己慢慢欣赏吧。

---

① 科洛桑,为《星球大战》中一个虚构的星球,位于银河系的中心,是银河系共和国政府部门所在地,随后取代共和国的帝国亦建都于此。经验丰富的老飞行员常常为这颗星球在太空中呈现出的样子而感到吃惊,它不像别的那些环境未被破坏的星球那样,在太空中呈现出柔和的蓝色和白色,相反,它就像是在阳光照射下会反射出奇特的银色光芒的金属球体。"科洛桑"这个名字本身即有"闪耀之城"之意。——译者

为什么会说“值得点灯熬油吗”

有一天,我又一次收到广告宣传单,上面写道:“你被选中参加我们的抽奖活动,你将有机会成为入住塞舌尔四星级宾馆的幸运儿。”这样的垃圾广告,每隔几天就会收到一份。大家通常会撕碎这些宣传单,丢到垃圾桶里。我却觉得大可不必。工作使我们疲惫不堪(我经常要熬夜写作,直到午夜),如果真能幸运中奖,去旅游放松一下,那岂不也是美事一桩!但是想要中奖,就要把回执一一寄回。总之,真的很浪费时间,这种游戏是给傻瓜设下的陷阱。这值得点灯熬油吗?是不是有些得不偿失呢?

虽然不知道“值得点灯熬油吗(le jeu en vaut-il la chandelle)”的准确出处,可我在权衡利弊的时候会经常想到这句谚语。现在我给大家稍作解释,希望你以后遇到类似情况的时候,也能想起它。也许这对提高你的辨别能力会有所帮助。

以前,在电灯还未进入我们生活的时候,漫长的冬夜成为赌徒聚赌的良好时机。当时赌博泛滥,赌注有大有小。偶尔有人因赌博一夜暴富,但是更多的人因赌博而倾家荡产。烛光下,赌博一场接着一场,但是运气往往不会降临到那些赌注小的赌徒身上。这些赌徒一整夜赌下来都赚不够蜡烛费!所以说,赌博不值得点灯熬油!

这个故事所蕴含的哲理是:在投入一项计划之前,我们应该先考虑一下,从中获得的利益有多大,是否值得我们投入那么多的时间、金钱和精力。

为什么说“雨天成婚，幸福终生”

2007年7月7日，法国各地的教堂见证了无数新人的婚礼。因为人们认为这一天会为新婚夫妇带来好运，幸福的新人们在教堂做出一生的承诺，希望对方永远不会违背誓言。

这一天正好是星期六，巴黎地区天气晴好，万里无云。“雨天成婚，幸福终生”的说法看来是派不上用场了。

“雨天成婚，幸福终生”的说法出自何处呢？要回答这个问题，就要追溯到数个世纪之前。当时人们主要生活在乡下，天气的好坏决定着人们的生产和生活。生命与土地息息相关。雨水对于人们来说非常重要，因为它可以确保土地丰收。长期以来，人们虔诚地祈求风调雨顺，五谷丰登（如古罗马人对谷物女神刻瑞斯的崇拜）。成婚之日下雨，便意味着土地得到滋润，谷物必然丰收，家族必然繁荣，简直是上天赐予的好运。因此雨水也被称作是生命之水。值得注意的是，关于雨水给新人带来好运的谚语还有很多，如：“雨天成婚，财富进门”和“雨天娶新娘，金币满箩筐”。法文中只有一个表达方式，雨天结婚是不祥的，“结婚天下雨，夫妻终究散”。

有时我会暗自琢磨，“雨天成婚，幸福终生”的说法是不是与“结婚不要太早，幸福才能到老”弄混了①，因为很多法国人往往喜欢把谚语搞混。然而我的想法是错误的。查阅大量资料之后，我发现“结婚不要太早，幸福才能到老”这句谚语根本就不存在。此外，在一个平均寿命只有50岁的时

① “雨天成婚，幸福终生”法语为“Mariage pluvieux, mariage heureux”，“结婚不要太早，幸福才能到老”法语为“Mariage plus vieux, mariage heureux”。这两句话的写法不同，但读音是一样的。——译者

代,哪有希望晚婚的道理?在古代,不管夫妻双方生活得幸福与否,都是一纸婚约定终身。当时的法律规定不准离婚,一直到 1792 年,离婚才得到法律许可。

随着人类的寿命越来越长,人们当然是希望能够子孙满堂了。风俗虽然改变,但是这个谚语却保留了下来。

为什么要“揭开玫瑰花瓶”

我们每天都在使用大量的俗语，然而却未必知道它们的出处。“揭开玫瑰花瓶”意指揭开一个秘密。

早在13世纪，“揭开锅”这一说法就已经存在，但出处不得而知。15世纪时，宫廷诗人奥尔良公爵①的诗作中有“揭开杂烩锅”这样的句子。“杂烩锅”就是蔬菜炖肉块，肉通常都炖到烂熟，美味诱人……

到了17世纪，“杂烩锅”的意义发生变化，指的是出自同一位作曲家的乐曲集锦。如今，“杂烩锅”一词的意思与最初的意思已经大相径庭，指的是盛有各种干燥花瓣的透气瓷罐。

其实“揭开玫瑰花瓶”的意思不难理解。揭开瓶子，被瓶盖封住的神秘气味便会溜出来，秘密也就被揭开了。嗯，好香！原来是花瓣（或炖肉）！

到了19世纪，有人提出了一种假设，认为“玫瑰花瓶”实际上指的是“胭脂盒”，也就是中世纪时用来盛装胭脂的容器。涂抹了胭脂的脸蛋儿光鲜动人，所以，打开了胭脂盒，也就揭开了伊人靓丽容颜的秘密，天生丽质的神话也就不再神秘了。这些胭脂盒其实也是首饰盒，里面往往藏着女人与情郎私通的情书。如果偶然有一天胭脂盒被丈夫打开，里面的秘密也就暴露无遗了。

显然，“打开玫瑰花瓶”还与阿迪②钟爱的玫瑰花大有渊源。神秘的玫瑰象征着宗教秘密。中世纪时，主教会议在玫瑰花下举行，会议桌上方悬

---

① 奥尔良公爵（1394—1465），法国国王查理六世的弟弟，法国历史上最伟大的宫廷诗人之一。——译者

② 阿迪，法国著名女歌手。——译者

置的玫瑰花提醒各位在场者要严守秘密。在亚瑟王和骑士举办会议的圆桌中央也摆放着玫瑰花,层层花瓣包裹着花心。“打开玫瑰花瓶”,一切一目了然,也就意味着秘密即将公开,不是吗?

半份啤酒是半升吗

有一次，我坐在咖啡馆露台上，点了一长颈瓶①啤酒。邻桌的外国游客见此面露惊讶。邻桌游客显然酒量不大，只点了一小杯啤酒，那种小杯子容量约125毫升。身后客人喊道："服务员，来半份啤酒！"服务员送来的那杯啤酒只有250毫升。

千万不要掉入传统习俗的陷阱里！例如，在比利时，如果你向服务员点半份酒②，我保证，他会给你端来半升啤酒！在法国，若想喝半升啤酒，你一定要说"un distingué"、"un baron"、"un mini-chevalier"、"une pinte"，或者"un sérieux"！这些五花八门的字眼表达着同样的意思。还要说明一点，60多年前，在许多地区，人们一直使用"chopine"作为体积单位，1 chopine约合半升，而1 chope的体积是1 chopine的一半，即250毫升。1 chope也就是法国人常说的半份（un demi）。可见半份并不是半升，而"半份"这种说法却延用至今。

但是，如果你喜欢旅游，也喜欢喝啤酒，那么有关啤酒体积的不同表达会没完没了地折磨你。德国人的说法就与法国人不尽相同。"chope"一词源于阿尔萨斯语"schoppe"，指的是一大杯啤酒，也称为"schoppen"。"schoppen"通常指半升的量，而在巴登-符腾堡和巴伐利亚的部分地区"schoppen"指的却是1升的量！

---

① 一长颈瓶的容量1—5升不等。——译者

② 法文中un demi指一大杯啤酒。demi还有一半、半个的意思。——译者

为什么把剧场分为"庭院一边"和"公园一边"

1784 年,博马舍的戏剧《费加罗的婚礼》上演了,但是莫扎特为其所作的配乐直到两年后才问世。这部戏剧真可谓命运多舛。1784 年,该剧首次在法兰西剧院演出,反响热烈。但是路易十六觉得此剧风格辛辣,内容淫秽,煽动民心,便下令禁演。博马舍想尽各种办法,向"风化委员会"极力澄清,这部作品才得以重新上演。

但是,这个结果却给演员们出了个难题。法兰西剧院当时正在重修,剧团只能改在塞纳河对岸的杜乐丽宫演出。

如果你看过《费加罗的婚礼》就会知道,该剧演出时舞台上的细节繁多。博马舍甚至在剧本的引言中用了很长的篇幅加以说明。演员必须对角色在舞台上的位置移动烂熟于心,什么时候移动,怎样移动,不许有丝毫差错。

"玛瑟琳娜,再往右一点,不,是这面,是这个方向!费加罗,向左一点,不是那个方向,是那里,那边!不是,是另一边,对!杜乐丽宫的庭院那边。你就站在花园一边,别动,就是你现在站的这个位置……"

你现在明白了吧,"庭院一边"和"公园一边"分别代表左和右。无论你是面朝观众还是面向舞台,院子和公园的位置都不会变。就像船的左舷和右舷,无论船在前进还是后退,无论船客往前看还是往后看,左舷永远是左边,右舷永远是右边。至于戏剧舞台上演员在变动位置时如何分辨哪边是花园哪边是院子,只要记住耶稣基督的名字(Jésus-Christ)就行了,J 在左,指公园(jardin),C 在右,指庭院(cour)。

为什么“摔碎的烟斗”代表死亡

1515 年，意大利辽阔的马力昂原野上，士兵在激烈交战。伤员被抬回营地，受伤的部位被直接切除。军医用滚烫的油或烧红的烙铁烫烤伤口以防感染，剧烈的疼痛往往会导致士兵当场死亡。这种状态直到帕雷医生的新发明出现才有所改变。帕雷研制出一种药膏，能够减轻伤员的痛苦。对于伤口的处理，帕雷采用缝合术取代了烙铁和沸油。然而，军事医学领域并没有获得更多的发展（当时的医学研究主要来自军事医学），直到第一次世界大战，麻醉药开始被使用，情况才有所改观。在第一次世界大战之前，欧洲曾经历过不少大型战争，尤其是拿破仑的对外扩张战争，从 19 世纪初拿破仑称帝到 1815 年最终被流放，欧洲约有 100 万士兵战死沙场。

当麻醉药还没有问世时，给伤员截肢前，医生会给伤员一个陶制烟斗，伤员用牙齿咬住烟斗以缓解疼痛。伤员需要忍住剧痛，拿手术刀的医生也需要鼓足勇气。效率最高的外科医生（很难说是出色的医生）也需要几十秒钟才能做完手术。很多伤员在“手术”期间经受不住疼痛当场毙命，咬在牙齿间的烟斗便掉在地上，十之八九摔个粉碎。用“摔碎的烟斗”指代死亡便由此而来。

为什么纽约的绰号是“大苹果”

有许多问题并没有绝对准确的答案，而本问题便属于此类情况。此处要讨论的不是争论不休的形而上学问题，而是那些看似简单，实则不易回答的问题。

“大苹果”成为纽约城的绰号便属于这类问题。“大苹果”绰号的由来有十多种版本，当然，有的难免牵强附会，有的却十分可信。

我本人比较喜欢那个与法国人有关的版本。19 世纪时，到纽约定居的移民中有很多是法国人，并且大多数是法国贵族。他们到新大陆来，一是碰碰运气，二是逃避 1789 年法国大革命后的动乱。第二次世界大战持续了 5 年，至今我们还心有余悸。法国大革命造成了长期的混乱，给欧洲各国留下了一道难以抚平的伤疤，人们受到的冲击无以复加。革命后的几年间，法国社会动荡不安，野心勃勃的拿破仑掌权成为皇帝，征战欧洲，最终却以失败告终。随后是复辟时期，之后是新一轮革命。半个多世纪的时间内发生的这一系列历史事件，让几百万人付出了生命的代价！所以很多欧洲人背着行囊和武器踏上了美国的土地。

这些人中当然少不了法国人。其中值得一提的是法国女人。有些女人靠自己的身体讨生活，在来美国之前，这些凡尔赛的交际花受到人民自卫队的驱逐，已无立足之地。身无分文的她们来到新大陆，开始了新生活。伊雯琳便是新大陆上第一批妓院的创始人。伊雯琳的妓院从不接待平民阶层，只向有钱人开放。妓院的客人都是纽约资产阶级上层人物，他们使用暗语传递信息，用“苹果”指代妓女，因为《圣经》中的“夏娃的苹果”意指原罪。很快，伊雯琳的妓院就名满全城，客人远道而来就是为了“采摘苹果”。纽约和苹果在历史上首次被联系在一起。这个版本是不是很有说服力?

19 世纪时,纽约成为赛马之都。据当时《电讯晨报》一位体育专栏记者报道,全美国的赛马爱好者都憧憬着纽约,他们也用大苹果来指代纽约。记者以“在大苹果周围”命名其赛马专栏,但对纽约“苹果”绰号的来由未做太多考察。不过,这是大苹果第一次有了书面记载。之后,随着爵士乐的流行,爵士乐手在各地巡演,把要去的市镇称为“苹果”,去演出赚钱就像摘苹果,纽约是演出中最重要、难度最高、赚钱最多的一站,因此被称为“大苹果”。

当然,以上的各种版本都只是一些参考,还不是确切的答案。但是有一点可以确定,“大苹果”作为纽约的别称在 1970 年代首次得到官方承认。当时旅游观光局推出一系列以“大苹果”为主题的城市宣传方案,以推动纽约市的发展。苹果是一种讨人喜欢的水果,意味着健康平安,尽管白雪公主的继母施魔咒将其变成了邪恶的毒蛇。

如何判断学术抄袭

小说《蓝色自行车》被指控抄袭一案曾轰动一时。当年，这部小说销量超过1000万册，而作者德芙热却遭到《飘》的作者米切尔的后人起诉，被指控有抄袭《飘》的内容之嫌，只不过两部小说的故事所发生的时代不同而已。法国的法院斟酌再三，最终作出有利于德芙热的判决，认为《蓝色自行车》并未抄袭。

米切尔的后人指控德芙热涉嫌抄袭，事关几千万欧元的版权纠纷。相比之下，大学教师，或者其他学术著作的作者面对类似情况却无能为力，他们无法捍卫自己的利益，无法制止那些学生剽窃他人成果。因为毕竟网络上有数以亿计的网页，任何一项课题都有可能被有意或无意，甚至违法地剽窃、篡改，然后变成了他人的研究成果被公开。原因非常简单，那些不劳而获之人只要将网页上他人的研究成果复制—粘贴，便能将其据为己有。

不过，在盾与剑无休止的较量之中，剽窃者们很快便掉进了陷阱里。2001年，美国的几位大学教授研发出一款软件，能够将学生的论文与网络上的内容进行比对，检测出“不合规定的引用”。其实即使没有这样的软件，我们只要在搜索引擎上输入文件、论文或者报告中的几个关键字（如果关键字加上双引号就是进行精确搜索），就能搜出相关文章，从而判断是否抄袭了网上的文章。

剽窃者又是如何应对呢？他们会将原文进行改写。但是“魔高一尺道高一丈”，如今的比对引擎也越来越专业化、智能化，甚至能够根据文章的内容来判断是否有抄袭的嫌疑，即使是改写后的文章也能被检测出来。然而，剽窃者依然我行我素，逍遥法外，因为该项检索技术价格昂贵，教授们无力承担！

语言是如何消失的

客厅里突然传来吵架声，“你从来不明白我的想法”，“我们之间没有共同语言”，“反正你不会明白的”。夫妻之间、父女之间或者姐妹之间激烈争吵时，常说的一句话就是“我们之间没有共同语言”，可是，双方明明说的是同一种语言啊？幼儿时牙牙学语，青少年时期学会讲脏话、隐语、行话，成年后与人交流时则字斟句酌。由此可见，语言是多么的丰富多彩！很多学生在学校里兼修英语、德语或者西班牙语以丰富自己的语言知识，还有少数学生会选择学习阿拉伯语或者俄语。可是还有谁在用奥克语、加泰罗尼亚语、巴斯克语、科西嘉语或者布列塔尼语呢，有谁还在用这些古老的语言吵架、调情、做梦或学习？恐怕为数不多了，少之又少。仅在法国，国际教科文组织就统计出 14 种受到“严重威胁”的语言。现实版的“巴别塔”①正在上演。

其他地方也一样，有些语言正在消亡。人类的语言本来有 6700 种之多，但到了 20 世纪末，一大半的语言都面临消失的危险。还有一些语言已经消亡，没有任何人会讲了。那些用威尼托语（意大利）或者贝奥图克语（纽芬兰）许下的海誓山盟，如今已经烟散云散了。大约每两周就有一种语言从地球上消失！这些语言一旦消失，便无迹可寻，因为它们没有书写文字。以非洲为例，那里 80% 的方言仅以口语的形式存在，没有相应的文字。

① 巴别塔，《圣经》中的一个典故：在《圣经 · 创世纪》中，被诺亚方舟解救的人从大洪水的劫难中逃生后，在巴比伦建立了一座通天塔，人们聚集在此，显扬个人的功名和骄傲，逐渐出现争斗和杀戮。这大大地触怒了耶和华，于是他变乱人们的口音，使他们彼此语言不通并被分散到各地，以维持世界的和睦与共荣。所以那个建塔的地方就被称作巴别，意思是“变乱”、“分离”。——译者

语言虽然与方言不同,但也未必能免于消失的危险。

此外,国际教科文组织还修订了一本消亡语种图册。谁是这些语言的刽子手,谁是它们的谋杀者呢?往往是那些殖民者。从16世纪开始,北美地区的因纽特语便在法国和英国殖民者的压迫下苟延残喘,如今,因纽特语已几近消亡。一些势单力薄的语言群体,在其他语言和文化环境的包围中也会渐渐失去自己的语言,少数民族语言便属于此类情况。一些语言的消失也有可能是因为受到强势文化或者是强势经济的入侵。为了融入强势文化或者经济中,父母会鼓励孩子学习强势文化的语言,以便日后谋生。这样一来,势必造成某些语言的消失。语言学家认为,当30%的孩子不再学习他们自己的母语时,这种语言就有可能消失。美洲的情况便是如此。在欧洲殖民者到来之前,美洲大陆上有几百种语言,幸存至今的不到150种。

语言是文化传统和价值观的载体,这一点毋庸置疑。一种语言的消失,也意味着一种文化即将消逝。例如墨西哥恰帕斯州的拉坎墩玛雅印第安人,他们的传统仪式日益减少,传统仪式所使用的宗教用语也在劫难逃。与自然、神灵和亡者的对话愈来愈少,本族语言也就慢慢衰退,不久便会消亡。

所以专家指出,土著民族的语言往往最易受到消亡的威胁。

但是,有些语言并不会像我们想的那样行将就木,有时,它们也会出人意料地起死回生。比如,澳大利亚的一种土著语,人们以为它在很久以前就已经消失了,但在最近,有人发现还有两位祖鲁人仍在使用。在英国,康沃尔语早在1777年便已经消失,而最近又活跃起来,成为1000多人的第二语言。在日本,也有类似情况,1980年代末,北海道岛上使用阿依努语的只有不到8个人,而如今使用者众多,岛上甚至创建了一个阿依努语博物馆,向孩子免费教授祖先的语言。父母用阿依努语争吵或窃窃私语的时候,原以为在一旁玩耍的孩子听不懂他们的谈话内容,其实不然,孩子狡黠的眼神已经说明一切。

为什么天才也犯错

本书即将完成，我想在最后谈谈我的近作《天才也犯错》。看来，我必须向读者朋友推荐一下这本书。你已经读完了前面所有的章节，说明本书的内容还值得一看。那么，我的另一本书肯定也会让你爱不释手。这本书讲述了30几位天才不被同时代的人理解，甚至被他人利用的故事。你也许会奇怪，为什么天才也犯错？为什么天才的思想总是曲高和寡？为什么天才总是要使出浑身解数以证明自己的思想？

原因很简单，“随大流”是人类的天性。但是这个天性也是人类生存的条件。我绝不是信口开河，而是有一定科学根据的。动物学家劳伦兹用了几年时间来研究鹅的行为，最后从中得出结论，认为人类像鹅一样，也有“随大流”的天性。补充说明一点，劳伦兹是奥地利人，在1938年和数百万同胞一样加入了纳粹党，效忠于希特勒。战争期间，劳伦兹成为名医，直到1943年，他才意识到纳粹的惨无人道。但后来他在1972年仍然获得诺贝尔奖。

然而，你会说，人类历史上不乏备受争议的事件和革命。但是，仔细想想，在暴力革命的混乱时期，大众与当权者发生冲突，统治阶级往往会利用少数人的极端思想以维护自身的利益。

本书提到的诸多问题都有一个或多个答案。这些答案有的被大多数人接受，有的则只被少数人推崇。

问题的答案常常很有新意、很大胆、很有趣，甚至是革命性的。

对于劳伦兹来说，人类总是讲道理的。

悖论是，天才也会随波逐流。

POURQUOI LES RAYURES ONT-ELLES DES ZÈBRES?
By
Jean-Baptiste Giraud
Copyright © 2008 by Editions du Moment(Paris-FRANCE)
Simplified Character Chinese edition copyright © 2014 by
Shanghai Scientific & Technological Education Publishing House
Chinese translation rights arranged through Divas International, Paris.
All rights reserved.
上海科技教育出版社业经迪法国际版权代理(info@divas.fr)协助
取得本书中文简体字版版权

责任编辑　郑丁葳
装帧设计　杨　静

“让你大吃一惊的科学”系列丛书
为什么斑马有条纹
——68个古怪问题的另类解答

【法】让-巴普蒂斯特·吉罗（Jean-Baptiste Giraud）　著
陈丽娟　白冰　刘天爽　译

出版发行　上海科技教育出版社有限公司
（上海市闵行区号景路159弄A座8楼　邮政编码201101）
网　　址　www.sste.com　www.ewen.co
经　　销　各地新华书店
印　　刷　天津旭丰源印刷有限公司
开　　本　720×1000　1/16
字　　数　143 900
印　　张　10.25
版　　次　2014年1月第1版
印　　次　2022年6月第3次印刷
书　　号　ISBN 978-7-5428-5779-8/N·889
图　　字　09-2012-173号
定　　价　38.00元